Nick Metarn, 42, Geschäftsmann, Börsianer und Autor, kennt die harten Regeln des Geschäftslebens ebenso wie private Krisen und Verhaltensregeln der Gesellschaft. Er handelt nach der sicheren Erkenntnis, durch eigenes Verhalten die Mitmenschen beeinflussen zu können. Als Erfolgstrainer begeistert er seine Zuhörer in seinen bekannten Seminaren.

Dieses Buch zeigt die Meinung aus der Sicht der befragten Personen und des Autors. Ähnlichkeiten mit namentlich genannten Personen wären rein zufällig.

Herstellung: Books On Demand GmbH, Norderstedt
ISBN 3-8311-4812-0

Inhalt

Vorwort

Nach dem großen Erfolg meines Buches „Hasenjagd - Frauen manipulieren und verführen“ und der unglaublich positiven Resonanz der Männerwelt, teilte sich das Frauenlager in zwei Gruppen. Zum einen gab es viele weibliche Leser, die Ihrer Empörung Ausdruck verliehen, solche Techniken als Verführungswaffe einzusetzen. Dies war eine weitere Bestätigung, wie zielsicher die Methoden den Punkt getroffen hatten. Andere Frauen wiederum hatten das obige Buch, welches speziell zur Eroberung von Frauen geschrieben wurde, erworben, um die Techniken auf das andere Geschlecht zu übertragen. Dies funktioniert jedoch nur teilweise und unzureichend, da die Denkweisen von Frauen und Männern grundverschieden sind. So wurde der Ruf der Frauenwelt nach einem Erfolgstitel zur Verführung der Männerwelt laut. Dies war keinesfalls geplant, was zwangsläufig eine Verzögerung des Pendants zur Folge hatte. Nun aber antworte ich auf diese Herausforderung mit einem wertvollen Ratgeber, den Sie heute in Händen halten. Der Begriff „Verführung“ ist nicht direkt mit einem sexuellen Erlebnis gleichzusetzen. Eine gelungene Verführung beginnt viel früher, an dem Punkt, an welchem Ihr Traumtyp sich wünscht, mit Ihnen Zeit zu verbringen.

Frauen, obgleich sie über besondere Reize verfügen, fällt es schwer, sich dem Mann zu nähern, den Sie begehren. Meist begeben sie sich nur in eine passive Rolle, in der es früher oder später gelingt, einen Mann zu interessieren, doch ist dies selten der Typ ihrer heimlichen Träume.

Nach vielen Jahrzehnten der männlichen Macht ist dieses Bild, was die Verführung angeht, immer noch präsent. Frauen warten auf den Traumtypen, die Männer werden aktiv. Relativ wenige Girls ergreifen die Initiative, selbst zu verführen. Dabei wird dies von Männern durchaus positiv bewertet. Ich werde Sie nicht mit Patentrezepten langweilen, da es die ultimative, immer erfolgreiche Art der Verführung nicht gibt. Dieses Buch verfolgt einen anderen, überaus erfolgreichen Ansatz. Es hilft Ihnen, vor Ihren Handlungen zu erkennen, welche Aktion positiv verlaufen wird und stellt Ihr Verhalten darauf ein. Jeder Mann hegt bestimmte Vorstellungen einer Traumfrau und ihrer Wünsche. Sie werden diejenige sein, die dem Ideal der jeweiligen männlichen Vorstellung nahe kommt – sehr nahe – jedenfalls nahe genug, um alles erreichen zu können. Gleichzeitig manipulieren Sie den Mann so, dass es sein eigener Wunsch sein wird, Sie und nur Sie, zu verführen. Sie haben die Macht, die Männer nach Ihren Wünschen zu lenken. Es wird Sie wundern, wie einfach dies doch im Grunde ist. Vorbei sind die Zeiten der unerfüllten Wünsche. Jetzt erlernen Sie spielend die Strategien für Ihren Erfolg! Bisherige Misserfolge rühren sicherlich daher, dass Sie mit einer falschen Sichtweise, der eigenen, das Problem „Beziehung“ angehen wollten. In vielen anderen Bereichen des Lebens erkennen wir ganz automatisch die Notwendigkeit, aus der Sicht des Gegenspielers zu agieren. Kein Mensch würde auf die Idee kommen, einer Computersoftware seine Verhaltensregeln aufbürden zu wollen. Vielmehr versuchen wir, in schier endlosem Erkunden der diversen Softwareprogramme die Art der Bedienung und deren Funktionen herauszufinden. Stop!

Fällt Ihnen etwas auf? Auch Computer und die Software sind von Menschen gemacht. Dort erkennen wir zwangsläufig, dass sich die Gedankengänge, Reaktionen und Vorstellungen des Entwicklers – des Gegenspielers – keinesfalls mit den eigenen decken. So und prinzipiell nicht anders ist es auch menschlich. Nach der Lektüre dieses Buches, das ich gerne auch als Arbeitsmittel bezeichne, wird sich Ihr Liebesleben schlagartig verändern. Weil Sie wissen, worauf es in den diversen Situationen ankommt, wird es Sie begeistern, zu manipulieren und zu verführen. Sie sollten keinen schlechten Gedanken dabei finden, denn auch Sie werden ständig manipuliert! In der Arbeits- und Geschäftswelt, in der Politik und der Werbung genauso wie auf der Beziehungsebene. Manipulation dieser Art ist nicht illegitim. Jetzt jedoch, nehmen Sie die Möglichkeit der einfachen wie wirkungsvollen Verführung in die Hand, und Sie erreichen alles, wovon Sie bisher nur geträumt haben. Was weiter daraus wird, soll nur einer der Partner entscheiden – Sie!

Ich möchte Ihnen an dieser Stelle schon meinen Leitspruch mit auf den Weg geben, der lautet:

Der EINE träumt von Erfolg – der ANDERE macht ihn!

1.0 Visionen des Traumtyps

Dies ist ein Buch für die Verführung – nicht mehr. Aber auch nicht weniger, denn es zeigt Ihnen, wie Sie mühelos den Mann Ihrer Träume verführen. Sicher kennen Sie aus Ihrem Bekanntenkreis solche „Verführerinnen“. Oft höre ich dann Bemerkungen wie: „So schön ist die doch wirklich nicht. Würde mich interessieren, warum der alle Männer nachlaufen!“ Hier beginnt schon eine wichtige Lektion:

Bestimmte Personen haben bei Männern mehr Erfolg als andere, obwohl keine offensichtlichen Gründe dafür vorhanden sind. Bald sind Sie eine dieser Frauen. Garantiert!

Sie träumen davon, endlich die Männer zu verführen, die Ihre Sinne bewegen und nicht die, welche Ihnen zufällig zufallen. Vielleicht denken Sie nun daran, Traumtypen in beliebiger Anzahl zu verführen und würden vermutlich gerne dieses Buch mit nur wenigen Blicken überfliegen, um sofort aktiv zu werden. Ich bitte Sie aber, alle Hinweise gewissenhaft zu lesen, da Flüchtigkeitsfehler sonst zur Schwächung Ihrer Erfolgsstrategie führen könnten. Es ist wie mit allem im Leben. Was vorher noch unerreichbar war, wird nach konkreten Hinweisen und Übungen plötzlich kinderleicht.
Das Schöne daran:
Das Üben macht mächtig Spaß!
Können Sie sich ein Thema vorstellen, für das Sie lieber üben möchten?

Dabei ist das Objekt des Experiments, der Mann, noch dazu in großer Menge vorhanden. Ich meine damit, dass anfängliches Zögern und daher verpasste Chancen, kein Problem sind. An der nächsten Ecke findet sich schon ein neues Versuchsobjekt. Sie sehen also, wie leicht es ist, Perfektionist zu werden. Stellen Sie sich dagegen andere Gelegenheiten im Leben vor, die niemals wiederkehren. Nehmen wir an, Sie wären beim Millionenspiel im Fernsehen nahe daran, die Million in Euro mit nach Hause zu nehmen. Dann machen Sie einen einzigen, kleinen Fehler und der ganze Traum ist vorbei. Sie erhalten vermutlich nie mehr in Ihrem Leben die Gelegenheit, das Ratespiel von vorn zu beginnen. Sofern Sie sich in gut besuchtem Umfeld aufhalten, wird Ihnen aber nach kurzer Zeit wieder eine begehrenswerter Typ auffallen – als neues Ziel Ihrer Begierde.

2.0 Das Ziel festlegen

Diese Forderung ist der erste wichtige Handlungsschritt, bevor Sie mit der Ausführung beginnen. Das Thema wird daher im Laufe des Buches immer wieder aufgegriffen. Um etwas zu erreichen, benötigen Sie in allen Lebenslagen ein konkretes Ziel. Die meisten Frauen jedoch gehen Ihren Eroberungswunsch ohne genaue Zielplanung an. Eine solche Planung ist aber von elementarer Wichtigkeit. Unter Ziel verstehe ich nicht die Wahl des Mannes, sondern den Ablauf Ihres Abenteuers. Geübte Verführerinnen verfeinern die Zielplanung aus Ihrer Erfahrung heraus und wählen die jeweils zum Männertyp passende Planung aus. Die Strategiewahl hängt von den Zielen ab und ist meist in einer späteren Phase der Manipulation nicht revidierbar. Auch wenn Ihnen die Gründe erst im Laufe des Buches klar werden, sollten Sie dies jetzt schon als Tatsache akzeptieren.

2.1 Wie aggressiv hätten Sie es denn gern?

Sicher haben auch Sie schon die Geschichten über Frauen gehört, die einen begehrten Mann ansprechen und schon nach 15 Minuten mit ihm heißen Sex erleben. Gibt es so etwas, oder handelt es sich nur um Angeberei? Ja, liebe Leserin, das gibt es!
Wollen Sie das wirklich? Wenn ja, dann sicher doch nur, wenn es der absolute Traumtyp ist, dem Sie nicht wiederstehen können oder möchten!
Hierzu gehört nicht nur, dass die Verführerin die Regeln der Verführung optimal beherrscht. Es ist auch eine nicht unerhebliche Kraft der Manipulation dabei. Vor allem aber war es in diesem speziellen Fall der geübte Blick der Verführerin, vorab schon zu erkennen, ob dieser Mann für den Soforterfolg geeignet ist. So konnte sie vor dem ersten Kontakt eine Strategie festlegen.

2.2 Ansprechen – manipulieren – verführen

Dies, so trivial dies klingen mag, sind seit jeher die Grundsäulen der aktiven Eroberung. Und es wird sich auch die nächsten Jahrhunderte nichts daran ändern.

Eine aktive Eroberung wird, wie ich immer wieder beobachten konnte, eklatant gesteuert. Von einem der beiden Partner und manchmal, als explosive Mischung, auch von beiden gleichzeitig.

2.3 Jeder möchte Steuern

Steuern ja, doch keiner weiß, wo das Lenkrad ist. So beobachte ich viele, die Partner suchen. Zwangsläufig häufen sich in diesem Fall die Misserfolge und eine entstehende Affäre ist eher zufällig.

Sicher ist es am einfachsten, wenn beide Personen dasselbe erreichen möchten. So ist es oft, wenn sich kontaktarme Frauen und Männer der Hilfe von Bekanntschaftsanzeigen, Internet-Flirtlines und anderen Möglichkeiten zur Vermittlung von Partnerschaften bedienen. Bei einem Treffen ergibt sich, oft schon in Sekunden, eine Übereinstimmung oder nicht. Sind sich die beiden auf Anhieb sympathisch, versucht jeder, daraus das Beste zu machen. Es wird meist unbeholfen begonnen, zu lenken und zu erobern.
Solches Verhalten konnte ich oft beobachten. Ich erinnere mich dabei immer wieder an ein Gespräch, das ich in einem Restaurant mithören konnte. Ständig interessiert an neuen Informationen verfolgte ich, wie zwei Menschen sich dort trafen und sich auf Anhieb gefielen. Jedenfalls hatten wohl beide für sich entschieden, dass mehr daraus werden sollte. Sie hatten sich scheinbar, wie auch immer, was mir verborgen

blieb, zu einem Blind-Date verabredet. Keiner jedoch verstand es zu lenken. So entwickelte sich in beiden die Angst, es könnte nicht klappen und so redeten Sie ziellos über alltägliche, langweilige Themen ohne jeden Esprit. Mir wurde sehr schnell folgendes klar:

Wäre der Mann hier auf Eroberung, die Frau von aufgeschlossener Natur mit bestimmten Erwartungen, hätte die langweilige, ermüdende Art des Verführers keine Chance. Kein Wunder, dass die beiden sich irgendwelcher Hilfsmittel bedienen müssen, um Partner zu finden.

Um den Abend zu füllen, versuchte jeder, immer wieder ein weiteres (langweilendes) Thema zu finden, um den Redefluss nicht zu stocken und eine peinliche Ruhe einkehren zu lassen. Zudem erlaubte sich keiner, auch nicht ansatzweise, dem Gegenüber zu widersprechen. Es wurden stets Aussagen bejaht und bekräftig. Ich gebe Ihnen hier einige Teile des Gesprächs weiter:

Mann: “Ich bin vor einem Jahr umgezogen. Die Möbel habe ich noch lange nicht komplett. Ich besorge mir so langsam immer wieder ein neues Stück. Es fehlt noch viel, aber allmählich geht es voran. Ich denke, man muss nicht alles gleich haben.“
Frau: „Das kann man ja dann auch so nach und nach erledigen. Das muss alles nicht gleich sein.“
Bla ... bla ...

Frau: „Vorübergehend bleibe ich mal da. Ich werde

schon mal eine andere Stelle finden. So einfach ist das ja wirklich nicht. Man muss schon froh sein, wenn man eine Arbeitstelle hat. Für immer möchte ich aber nicht so viel Zeit auf dem Arbeitsweg verlieren. Und die Bahnfahrt ist wirklich nicht gerade billig."
Mann: „Ja, da haben Sie schon recht. Es ist wichtig, dass man was hat. Später wird man dann sehen, ob man was besseres findet. Dann kann man immer noch wechseln. Bahnfahren ist wirklich teuer, das habe ich auch schon bemerkt."
Frau: "Dieses Jahr war ich nicht in Urlaub weg. Schade, dass der Sommer nicht so besonders war. Kann man halt nichts machen."
Mann: „Mehrere Wochen schön war's eigentlich nie. Letztes Jahr war es schon im März schön. Vielleicht haben wir jetzt im September noch ein paar schöne Tage."

Ich möchte Sie nun nicht mehr länger langweilen, denn dieses Gespräch zog sich hin. Wortwiederholungen, gleiche Aussagen, Sätze ohne Inhalt. Entschuldigen Sie, aber der Mann war in meinen Augen ein Anzug ohne Inhalt. Die Frau eine Baldrian zum einschlafen, auch wenn man daneben liegt. Teilweise wirkten die Akteure sogar etwas absent.
Irgendwann hat man sich nach langweiliger Vorrede sogar auf ein „Du" geeinigt:
„Ich bin der Meinung, dass wir dass „Sie" beiseite lassen könnten und uns mit „Du" ansprechen sollten." So gesagt, so bejaht, so getan. Motorisch wurde sofort auf das „Du" umgestellt.

Mal ehrlich. Wie geht es Ihnen? Wie wirken auf Sie solche Gespräche? Ich hätte diesen Dialog nicht lange ausgehalten und das Weite gesucht. Der einzige Umstand, der dies verhinderte, war die Tatsache, dass beide unbedingt einen Partner finden wollten. Dass sie bisher keinen fanden, erscheint mehr als logisch. Zu viele Fehler im Aufbau führen zwangsläufig zum Scheitern eines Vorhabens. In allen Lebensbereichen, so auch bei der Partnersuche. Wie hätten die Teildialoge denn aussehen können, um sich positiv zu verkaufen?
In etwa so:

„Ein Jahr ist es her, dass ich umgezogen bin. Fühl mich super in der neuen Wohnung. Es macht mir Spaß, sie nach meinen Designwünschen einzurichten“
„Na, in welche Richtung gehen denn so Ihre Designwünsche. Erzählen Sie mal was ...“

„Hab’ derzeit einen langen Arbeitsweg. Nervt tierisch. Darum bin ich sehr aktiv, mich nach einem neuen Job umzusehen. Wird kein Problem sein, qualifizierte Leute sind noch gesucht ...“
„Ja, Sie machen auch einen aktiven Eindruck auf mich. Ich sehe, Sie packen’s auf Anhieb. Super“.

Das Wettergeplänkel lässt sich nicht aufpeppen und ist bestenfalls für den Kaffeenachmittag im Altenheim geeignet!

Welche Art von Gespräch gefällt Ihnen besser? Welche Unterhaltung erzeugt ein Gefühl von Lebensfreude? Persönlich hätte ich vorteilhaft sofort das vertrauliche

„Du“ angesteuert: „Du machst einen sehr jugendlichen Eindruck, daher spare ich mir das „Sie“ gleich mal!“
Falls es sich um einen wirklich jungen Mann handelt, passt ohne Angabe von Gründen ein sofortiges „Du“!

Etwas mehr Esprit als die beiden Personen im Restaurant sollten Sie jedenfalls schon zeigen.

Affären entstehen nicht – sie werden gemacht!

3.0 Wünschen entsprechen

Egal ob es für eine längere Beziehung, nur für einige Tag oder noch kürzere Zeit ist: Was Männer möchten, ist eine humorvolle, gepflegte, begehrenswerte Frau mit Lebenslust. Trantüten haben keine Chance.

Sie müssen der begehrenswerte Mensch sein!
Strahlen Sie Freude aus, als hätten Sie einen Hauptgewinn in der Tasche!

Liebe sucht nach glücklichen, individuellen Personen. Strahlen Sie Lebensfreude aus. Menschen lieben immer das, was Sie nicht haben. Zeigen Sie, dass Sie ein fröhlicher, aktiver Mensch sind, der das Leben sprichwörtlich mit der „linken Hand“ meistert.

Sie haben Schwierigkeiten, Charisma auszustrahlen?
Dann wird es Zeit, an Ihrer Persönlichkeit zu arbeiten. Das Kapitel 8 „Die Erscheinung“ hilft Ihnen noch dabei, Ihre Ausstrahlung zu verbessern.

3.1 Warum sind die weiblichen Superstars bei den Männern so beliebt?

Sie sind verführerisch, zeigen sich nur von der besten Seite. Niemals erleben wir die Stars in Situationen, in denen die Menschen nicht glänzen. Niemals beobachten wir die Stars beim Aufstehen. Wir sehen auch nicht, wie diese am Tag nach ihren wilden Partys aussehen. Von der immerzu verführerischen Frau träumt jeder Mann, obgleich das nur eine Traum, eine Vision ist. Deshalb ist es wichtig, dass Sie sich anfangs von Ihrer „besten Seite“ zeigen und wirklich nur von dieser! Entweder es ist die Lebensart oder die Erscheinung der Frau selbst, die Männern imponiert. Ihre Erscheinung zu optimieren, darin sind Frauen meist perfekt. Lebensart müssen Sie zeigen. Die Umsetzung von Lebensart ist daher für die ungeübte Verführerin etwas schwieriger.

Es sind Träume und Hoffnungen, die seit jeher die Menschen zu gefühlsmäßigen Wallungen verleiten!
Sie müssen nicht tatsächlich etwas überdimensionales verkörpern, sondern nur bestimmte Gedanken und aufkeimende Wünsche erzeugen!

3.2 Popstars aus der Konserve

Früher arbeiteten sich junge Leute mit Talent in kleinen, selbstgegründeten Musikgruppen nach oben. Heutzutage werden Popstars gemacht. Künftige Mitglieder von Popgruppen werden aus Tausenden von Bewerbern nach

den Vorstellungen der Produzenten und Manager ausselektiert. Sie kennen diese neuen Gruppen. Alle Girls sind etwa gleich alt, eine gewollte Mischung diverser Typen, damit auch jeder Boy sein Traumgirl findet und so der Erfolg keine offene Frage bleibt. Gepuscht mit den passenden Songs, knapper Bekleidung und erotischem Tanz stellt sich die Resonanz ein, die zu erwarten war.
Die jungen Akteure solcher Gruppen können sich vor eindeutigen Angeboten sexueller Art kaum retten, denn sie sind nun wiederum das geworden, was andere gerne wären ...

Merken Sie etwas? Hier werden lediglich imaginäre Träume beantwortet. Genau auf diese Art können auch Sie Ihren Traummann „manipulieren“. Sie erfüllen seine Visionen mit Leben. Mehr ist nicht nötig, um erfolgreich zu sein!

3.3 Zuneigung ist egoistisch

Sie sind ein Egoist! Dies könnte man jedem Menschen auf den Kopf zusagen. Auch Ihnen. Weil es die Wahrheit ist!
Der selbe Mensch kann erfolgreich oder auch erfolglos, begehrt oder unwichtig sein. Alles hängt davon ab, was für Träume und Hoffnungen durch sein Verhalten in den Gedanken des anderen geweckt werden. Niemand verbringt gemeinsame Zeit mit einer anderen Person, sofern er sich nicht einen eigenen Vorteil davon verspricht. Und sei es nur der, sich in Gegenwart dieser

Person gut zu fühlen oder Hoffnungen zu verspüren, die eine positive Stimmung vermitteln.

Es klingt zwar erratisch, aber es ist so:
Kein Mann schenkt Ihnen Zeit, wenn er sich selbst nicht etwas davon verspricht. Eine positive Veränderung in seinem Leben, einen schönen Tag, ein angenehmes Gefühl, beglückende Stunden oder nicht selten auch der Genuss, etwas zu haben, was andere gerne hätten.

Im Blickfeld dieser Tatsache spielen Sie Theater wie ein Vertreter, der seinen Kunden immer wieder erklärt, welche Vorteile seine Ware hat und welchen Nutzen der Anwender daraus ziehen kann. In der Hoffnung, sein Leben mit dieser Ware zu erleichtern, zu verbessern oder zu verschönern, kauft der Kunde bereitwillig. Oft sind dies Dinge, welche mehr Hoffnungen hervorrufen als das Leben damit tatsächlich zu erleichtern.

Zitat:
Vieles, was der Mensch sieht,
ist für die seine Augen unsichtbar.

Dieses Zitat bekräftigt die Tatsache, dass wir nicht sehen, was sichtbar ist, sondern sehen, was wir sehen möchten. Wir bewerten jeden Eindruck durch unser Gefühl, das unserem Unterbewusstein entspringt. Was wir fühlen ist immens von den Erfahrungen beeinflusst, die wir bisher in unserem Leben gemacht haben.

4.0 Männertypen erkennen

Als Anfänger sind Sie blind für diese Begabung, da Ihnen die notwendige Erfahrung fehlt, wie die Männer auf Ihre neuen Eroberungstaktiken reagieren ...

4.1 Raster der Erfahrung

Schon bald, nach Durcharbeiten dieses Buches, nach üben und testen der eigenen Methoden werden Sie zum Profi. Sehen Sie dann einen interessanten Mann, laufen in Ihrem Gehirn Vergleichsmuster ab. Sie erkennen, in welches Raster er passt, wie er auf den ersten Blick aussieht, sich bewegt, wie er spricht und reagiert. Seine Kleidung ist für Sie ein offenes Buch seines Charakters. Die Bewegungen, das Lachen, die gesamte Mimik, Haut- und Haarfarbe sowie viele andere Eigenschaften helfen Ihnen, den Typ festzulegen. Sie spüren es sogar. Sie profitieren von jeder Erfahrung, die Sie schon mit den diversen Männertypen gemacht haben.

Dann sind Sie soweit, vorab schon kalkulieren zu können, wie der Mann reagieren wird. Schon zu ahnen, wie er verführt werden kann. Wie lange es dauern wird, bis das Ziel, wie immer es aussehen mag, erreicht ist. Beziehungen werden mehr und mehr nach einem gesteuerten Muster entstehen.
Wer steuert die Beziehung? Sie, aber so unbemerkt, dass der Mann sein Ego, sein höchstes Gut, nicht aus der Hand zu geben braucht.

4.1.1 Da geht was

Die unterschiedlichen Typen können also eingeordnet werden. In Anbetracht dieser Tatsache verwundert es Sie nicht mehr, dass geübte Verführerinnen schon beim beobachten eines Mannes erkennen, was für Chancen sich ergeben werden.
„Der ist geil!", sind markante Aussprüche oder auch: „Der ist schüchtern. Den muss ich ansprechen, sonst geht da nichts!"
Die Geheimnisse und Gründe dafür kann ich Ihnen hier nicht niederschreiben. Alle Versuche meinerseits, dies verständlich zu erläutern, sind bisher fehlgeschlagen und es ist im Übrigen auch nicht notwendig. Dieses Gefühl entwickelt sich auch bei Ihnen von selbst. Es ist das Gesamtbild des Mannes, das Sie schon bald zu deuten wissen. Vielleicht gelingt es Ihnen eines Tages, diese „Einsicht" schablonenartig erfassen und beschreiben zu können. Diese Schablone wird dann aber wiederum nur zu Ihnen passen, denn die Reaktion des Mannes hängt wiederum ganz eklatant vom Verhalten der Frau ab.

4.1.2 Verhalten anpassen

Nach taxieren des unbekannten Mannes, kalkulieren Ihrer Möglichkeiten und kalibrieren Ihrer Strategie, verfolgen Sie umgehend bestimmte Erwartungen.
Sie selbst entscheiden, ob Sie in reißerischer Art vorgehen oder auf die sanfte Tour. Ob Sie manipulieren wie ein Weltmeister oder alles, wenn auch von Ihnen

gelenkt, in Ruhe und Gelassenheit ablaufen soll. Nicht nur die Zeit bis zur Verführung ist wichtig, sondern vor allem die Frage:
Was kommt danach? Kommt überhaupt noch was?

Die Geschlechter denken sehr unterschiedlich.

Frauen sind sehr gefühlsbetont veranlagt. Daher sind Sie oft weder glücklich noch zufrieden damit, einen Mann, der ja wirklich ganz nett ist und gut aussieht, verführt zu haben. Sie benötigen mehr. Ihre Gefühle können verrückt spielen und wenn sie dem Traumkerl begegnen und ein Kontakt entsteht, sind sie nicht mehr zu bremsen. Unbedingt möchten Sie mehr von diesem Supermann. In Hunderten von Befragungen hörte ich immer wieder von Frauen, auf die Frage:
„Wollten Sie mit ihm schlafen?“,
die Antwort
„Ich wäre gestorben, wenn es nicht passiert wäre!“
Im Gedanken an diese überschwängliche Aussage fragte ich viele Männer:
„Wären Sie gestorben, wenn es nicht passiert wäre?“
„Blödsinn“, war oft die Antwort, „So wichtig ist das doch wirklich nicht.“
Oder auch: „Es gibt ja noch mehr Frauen auf der Welt!“
Kein einziger Mann antwortete mir: „Oh ja, ich wäre gestorben, falls es nicht passiert wäre!“
Keiner war zu dieser Antwort bereit. Ist das nicht seltsam, wo doch die gerade Männer als Draufgänger abgestempelt werden?

5.0 Zeitfaktor der Beziehung

In den nachfolgenden Beschreibungen beginne ich mit der Erläuterung diverser Zeitfaktoren, die zur Entscheidung stehen und im Laufe des Buches getrennt behandelt werden, da verschiedene Verhaltensweisen hierfür notwendig sind. Ich bitte Sie, alle Abhandlungen zu lesen. Zur Vermeidung von Wiederholungen bauen die Kapitel aufeinander auf. Zudem sollten Sie über richtige und auch falsche Verhaltensweisen zu den Zeithorizonten informiert sein.

5.1 Die Männer werden auf mich fliegen

In diesem Buch geht es um rasante Methoden. Kleine, fiese Tricks, Schwindeleien, Manipulation in Wort und Tat sind ebenso erlaubt wie Geheimnisse. Ich werde Sie in die Lage versetzen, einen Mann, den Sie sehen und begehren, mit höchstmöglicher Trefferquote zu verführen. Vergessen Sie die vielzitierten, üblichen Verhaltensfloskeln und Anstandsregeln.

Wenn Sie die Strategien dieses Buches befolgen, wird der Mann Sie begehren, selbst wenn Sie sich selbstbewusst und locker verhalten. Es imponiert den Männern, wenn Sie sich nicht in die Jacke helfen lassen, sondern beide Jacken nehmen, die eine dem Mann zuwerfen mit dem Satz: "Hier, schnapp Dir deine Jacke".

Die Männer möchten gerne mit einer Frau Zeit verbringen, die der Traum der Männerwelt ist. Solche Frauen stehen mit beiden Beinen im Leben. Aber Vorsicht! Bei aller Selbstsicherheit darf der Mann sich keinesfalls unterlegen vorkommen. Männer reagieren positiv, wenn Sie Ihre Qualitäten zeigen und negativ, wenn Sie befürchten, unterlegen zu sein.

5.1.1 Das kurzfristige Ziel

One Night?
Einen Mann für einige Stunden oder eine Nacht? Das gehört sicherlich zu den unbestritten kurzfristigen, aber sehr aufregenden Experimenten. Hier muss man allerdings zwischen Männern und Frauen eindeutig unterscheiden. Sofern es sich nicht um einen Traumpartner handelt, den man erobern möchte, sind Frauen nur in geringerer Zahl bereit, sofort ein sexuelles Abenteuer zu erleben. Sie sollten aber wissen, dass die Männer im allgemeinen dazu bereit wären. Bei einer solchen Kurzbeziehung erlebt Sie der Mann nur von Ihrer besten Seite, der sogenannten Schokoladenseite, und es ist nicht sicher, auch wenn es der Typ noch so ehrlich meint, dass sich im Alltag mehr daraus entwickelt. Sofern Sie also nur an einem kurzfristigen Abenteuer interessiert sind, fällt es Ihnen leicht, alles zu erreichen. Sie sollten aber eine klare Abgrenzung sehen und nicht den Partner für Ihr Leben suchen. Die superschnellen Methoden, die ich Ihnen zeige, beinhalten Tricks, die nach tieferer Einsicht des Mannes, als Problem nachwirken könnten. Planen Sie dieses

prickelnde Erlebnis und Sie werden es kaum glauben können, zu welchen Abenteuern Sie fähig sind. Ein interessantes, turbulentes Leben liegt vor Ihnen. Nehmen Sie dies als Herausforderung an!

5.1.2 Mittelfristige Beziehung

Der Gedanke, eine bestimmte Zeit mit dem selben Partner zu verbringen oder nur zeitweise, für bestimmte Tage oder Wochen, setzt fallweise ganz andere Manipulationsmethoden voraus und ist mit anderen Mitteln zu verwirklichen. In diesem Fall sollten Sie sich jedoch schon zu Beginn Ihres Handelns darüber klar werden, dass genau dieser Zeitfaktor Ihr Wunschziel ist und nicht etwa eine langjährige Beziehung mit einem gemeinsamen Lebensweg und Wohnbereich, genauso wenig wie der „Heiße Flirt“ für eine Nacht.

5.1.3 Langfristige Beziehung

Planen Sie gar eine langfristige Beziehung, gibt es auch hier Regeln der Manipulation die Sie, wenn auch auf weniger aggressive Weise, zum Erfolg führen. Während eine solche Strategie meist vom Beginn bis zur Verführung und dauerhaften Verwirklichung wesentlich mehr Anstrengung (und Ehrlichkeit) erfordert, lässt diese doch die Zukunft in weitem Umfang offen. Eine Manipulationsaktion, die auf nur eine einzige Nacht zugeschnitten ist und mittels der Erfolgstechniken erreicht wurde, macht eine längerfristige Beziehung aus

psychologischer Sicht eher unwahrscheinlich.
Die Verwirklichung einer langfristigen Beziehung wird für Sie als Leser dieses Buches zu gegebenem Zeitpunkt kein Problem sein, auch wenn diese nicht Gegenstand dieses Buches ist. Sie werden so viele Erfahrungen gesammelt, Selbstvertrauen und Charme entwickelt haben, dass Sie durch Manipulationsmethoden, die keine Schwindeleien beinhalten, langfristige Beziehungen aufbauen und erhalten können. Nicht wenige Frauen sind zu einer langfristigen Beziehung bereit. Es gibt jedoch nur wenige Männer, die als Frauenhelden geboren sind und in eine langfristige Beziehung wechseln.

5.2 Der Akteur bestimmt Zeit und Ablauf

Da die verschiedenen Zeitfaktoren auch den Grad der Schwierigkeit bestimmen und diese mit ansteigendem Zeitfaktor stetig zunimmt, sollten Sie sich zunächst auf Flirteinlagen und kurzfristige Abenteuer konzentrieren. Wie weit Sie dabei gehen, werden Sie fallweise selbst entscheiden. Dies wird Ihnen außerdem ein so immens großes Selbstvertrauen einbringen, dass es künftig leicht sein wird, in allen Beziehungsebenen zu glänzen.

Sie sollten sich der Gefahr bewusst sein, dass Sie vermutlich mehr und mehr zu kurzfristigen Affären neigen werden, je einfacher es für Sie ist, die Männer zu verführen. Sie verkörpern eine Traumfrau. Welcher Mann träumt nicht davon, eine attraktive Frau zu verführen?

6.0 Die Selbsterkennung. Wer bin ich?

Vor dem Angriff auf das Objekt „Mann“ sollten Sie sich selbst fragen, wer Sie eigentlich sind.
Was für ein Typ „Frau“ sind Sie denn?

Lesen Sie die nachfolgende Punkte durch. Beurteilen Sie spontan und ehrlich eine Übereinstimmung:

- Ich entspreche körperlich durchaus den Wunschbildern der Männer.
- Ich habe einen Blick, der Männer verführen kann.
- Ich bin schlagfertig.
- Ich bin ein wenig arrogant, aber ohne es deutlich zu zeigen.
- Ich bin finanziell gut gestellt.
- Ich bin sexy.
- Ich bin humorvoll und spontan.
- Ich kann Wünsche von den Augen ablesen.
- Ich kann schon mal ein wenig schwindeln.
- Ich betrachte die Männer als Spielzeug für Frauen.

- Ich bleibe locker und gelassen, wenn ein Mann mich anspricht.

- Ich habe kein Problem, fremde Männer anzusprechen.

- Ablehnung betrachte ich als Herausforderung.

- Ich kann mir eine Welt ohne Männer nicht vorstellen.

- Ich habe schon Manipulationstechniken erfolgreich erprobt.

Je mehr Zustimmungen Sie geben konnten, je näher sind Sie heute schon am Ziel Ihrer Wünsche.

6.1.1 Sie sind wirklich unvollkommen!

Ist es nicht eine unverschämte Behauptung von mir, Sie als „unvollkommen“ abzustempeln, obgleich ich Sie doch gar nicht kenne?
Nein, das ist es nicht, denn Sie sind es: Unvollkommen. Ich weiß es. Denn jeder Mensch ist unvollkommen. Sie, ich und all die anderen. Warum also sollten nicht gerade Sie die Männer verführen?
Was spricht nach Ihrer Meinung dagegen?

Schreiben Sie alle Merkmale auf, die sich nach Ihrer Ansicht nachteilig auswirken könnten!

6.1.2 Barrieren überwinden

„Ich bin nun wirklich benachteiligt", glauben Sie vielleicht zu wissen und das mag in einem oder mehreren Kriterien auch stimmen. Vielleicht fühlen Sie sich nicht hübsch, zu klein oder zu groß, fühlen sich ziemlich alt oder noch zu jung. Ihnen fehlen die wichtigen Eigenschaften, wie Mut, das unbefangene Auftreten, das spontane Agieren. Egal was Sie für eine Barriere sehen, für Ihr Ziel, erfolgreich Männer verführen zu können, stellt dies keinen Grund zur Resignation dar. Sie haben hier keines der Bücher vorliegen, das Ihnen vorgaukelt, es gebe keinen Unterschied, ob Sie klein und dick, oder schlank und mit Traummaßen bedacht sind. Die eine hat körperlich mittelmäßige, die andere gute, eine weitere beste Vorraussetzungen.
Die Realität ist eindeutig:

Es macht einen Unterschied!

Andererseits ist dieses Buch aus der Praxis geschrieben, aus tatsächlich erlebten und erprobten Methoden. Hunderte Frauen vor Ihnen, die alle auf jeweils andere Art unvollkommen Waren, sind mit den Methoden, die anschließend zu diesem Buch zusammengefasst wurden, zu erfolgreichen Verführerinnen geworden.

Handicaps, imaginär oder wirklich vorhanden, sind Hürden, die Sie nicht daran hindern, eine glänzende Verführerin zu werden!

6.2 Das Leistungspaket

Stellen Sie sich eine erfolgreiche Firma vor, die ein Produkt herstellt. Die Planung des Erfolgs besteht aus einer ganzen Reihe von Komponenten, die ein möglichst schlagfertiges Paket ergeben sollen. Es genügt nicht, nur ein Produkt herzustellen, das den Entwicklern selbst gefällt. Es gibt oft Hunderte, gar Tausende von Forderungen, die möglichst optimal erfüllt werden sollen. Hier nur einige wenige, die allgemein verständlich sind:

- Leistungsfähiges Produkt
- Wünsche der Verbraucher treffen.
- Situation der Konkurrenten analysieren
- Produkt muss sich von anderen positiv abheben
- Absatzmenge kalkulieren
- Werbeetat planen
- Werbung muss Einzigartigkeit suggerieren
- Werbeauftritt muss Wünsche erzeugen
- Werbebotschaft muss stetig wiederholt werden.
- Der Verbraucher soll einen Nutzwert erhalten.

- Der Käufer erhofft sich durch den Erwerb eine Verbesserung seiner Lebensqualität

Es gäbe viele weitere, wichtige Ansatzpunkte. Da ich seit 1984 selbstständig bin, kenne ich die Regeln der Wirtschaft. Aus diversen Produktbereichen weiß ich, dass es teilweise Leistungsforderungen gibt, die oft sogar unverständlich erscheinen und dennoch sehr wichtig sind.

6.2.1 Konkurrenz in allen Bereichen

Stellen Sie sich vor, der Firma X besitzt nicht das Know-how, wirklich das beste Produkt herzustellen. Außerdem verfügt sie nicht annähernd über die finanziellen Mittel der Konkurrenten. Somit kann Sie nur einen Bruchteil des üblichen Werbeetats einplanen. Das weiß die Firma X sehr genau und es lässt sich nichts daran ändern.

Gibt die Firma X wirklich kampflos auf und überlässt den anderen das Feld?

Was macht die Firma X, um ihr Produkt erfolgreich am Markt zu platzieren?

Was würden Sie der Firma X raten?

Hat sie überhaupt eine Chance, wo sie doch in diversen Dingen sehr benachteiligt ist?
Ja, die Firma X hat eine Chance, aber welche?

Sehen wir uns die Firma Y an. Diese wird zur gleichen Zeit ein ähnliches Produkt auf den Markt bringen. Sie möchte damit dieselbe Zielgruppe erreichen wie Firma X. Firma Y aber verfügt über größere finanzielle Mittel, hat ein größeres Berater- und Entwicklerteam und mehr Geld für Werbung eingeplant. Zudem hat die Firma Y bereits andere Produkte am Markt, ist bekannter und der Verbraucher weiß, das deren Produkte recht gut sind.

Verzeihen Sie nochmals die Frage:

Hat die Firma X hat eine Chance?

Die Antwort ist eindeutig und logisch:
Ja, die Firma X hat eine Chance. Sofern Sie nicht der geborene Pessimist sind, haben Sie, konfrontiert mit obiger Frage, ebenso geantwortet.

Firma X hat eine Chance, warum auch nicht. Stellen Sie sich vor, dass stets nur die Firma mit den besten Vorraussetzungen jemals in Erwägung ziehen würde, erfolgreich ein Produkt zu platzieren. Die Folge wäre, es gäbe kaum Erzeugnisse an den Weltmärkten, weil jedes Unternehmen, das nicht zur Weltführung zählt, den Kopf in den Sand stecken würde. Stellen Sie sich weiter vor, dass die Firmen über Ihre Nachteile im Vergleich zur Firma A,B,C,D,E,F,G ... nachdenken würden und zu dem Schluss kommen, benachteiligt zu sein und daher nie einen Erfolg verzeichnen könnten.

Firma X wird also all ihre Nachteile kennen, ja kennen

müssen, um erfolgreich zu sein. Das Team von X wird darüber nachdenken, wie ein Leistungspaket geschnürt werden kann, das einzigartig ist. So ist es doch nicht nur wichtig, wie oft eine Fernsehwerbung erscheint. Im Gedächtnis allein bleibt eine herausragende, pfiffige Werbung, die ein positives Gefühl beim Verbraucher erzeugt. Einzigartigkeit ist in der Werbebranche gefragt. Lifestyle, Design, Erotik und das Erzeugen von Hoffnungen sind derzeit trendy. In vielen Fällen ist das Design, die „Verpackung“ für den Verbraucher wichtiger als der Inhalt.

Die Firma X wird erfolgreich, weil ihr die eigenen Nachteile bekannt sind. Es wird sich um ein Leistungspaket handeln, um ein Gesamtkonzept, das so positiv wirkt, dass die negativen Punkte untergehen. Das Gesamtangebot, das clever geschnürte Leistungspaket, bestehend aus der Vielzahl von einzelnen Forderungen, wird mit Firma Y konkurrieren können und müssen.

6.2.2 Warum sollten Sie keinen Erfolg haben?

Vielleicht reden Sie sich nur ein, in bestimmten Dingen benachteiligt zu sein. Eventuell legen Sie auch zu hohe Maßstäbe an. Egal, selbst wenn Sie aus objektiver Sicht in der einen oder anderen Eigenschaft nicht übervorteilt sind, kommt es darauf nicht an.
Und benachteiligt sind Sie sowieso, wie bereits angesprochen. In jedem Fall. Warum? Keiner hält sich selbst für perfekt und keiner ist es!

Wer Ihnen als ideal erscheint, versteht es nur glänzend, Sie nichts davon merken zu lassen. Sie einzuwickeln in das abgestrahlte Selbstbewusstsein. Sie zu täuschen. Schwächen zu überspielen. Eine häufige Methode solcher Menschen ist es auch, andere „klein zu manipulieren", um eigene Größe aufzubauen.

6.3 Seht her, ICH bin hier!

Ich nehme jetzt nicht an, dass Sie unter einem massiven Mangel an Selbstbewusstsein leiden. Ich denke, dann wären Sie dermaßen demotiviert, dass Sie auch dieses Buch nicht gekauft hätten. Sie wissen sich selbst sehr wohl zu schätzen. Sie sind eine Persönlichkeit. Aber zeigen Sie das den anderen auch?
Dies habe ich schon viele Frauen gefragt. Die Antworten darauf waren vielfältig. Inhaltlich deckten sich diese wie folgt:

- Ich glaube, ich kann das nicht so zeigen.
- Ich bin auch was, ohne dass ich es zeige.
- Ich kann es nur zeigen, wenn ich mich auch überlegen fühle.
- Ja, ich denke schon, dass andere das bemerken und ich muss es nicht zeigen.
- Ich hasse Angeber.

- Nein, muss ich denn das groß rausstellen?

- Mir sind die Menschen lieber, die nicht so protzen!

- Ich bin ja auch nichts besonderes!

Wie Sie selbst feststellen, handelt es sich insgesamt um unschlüssige Antworten oder um konkrete Ablehnung meiner Forderung, es offenkundig zu zeigen, dass man eine selbstbewusste Persönlichkeit ist.
Die Ursache war, dass ich aufgrund der Fragestellung missverstanden wurde. Unter dem Slogan:
„Zeige, wer Du bist“,
verstehe ich kein Brüsten und Angeben. Ich spreche jetzt von Ihrem eigenen Charakter und nicht von einem strategischen Verhalten gegenüber Männern. Doch auch der Erfolg beim Mann hat damit zu tun, sich im täglichen Leben „aufrecht“ zu bewegen.

Vielleicht denken Sie jetzt, dass es doch viele Männer gibt, die gerne eine etwas ruhigere, ängstliche Frau erobern. Das ist genau richtig! Nur, es hilft Ihnen nicht weiter. Diese Männer weichen nur deshalb auf solche Frauen aus, weil Sie sich selbst nichts zutrauen, selbst recht unbedeutend sind. Meist sind aber die Traumtypen, die wir mit Hilfe dieses Ratgebers erobern möchten, keineswegs solche Männer ...

6.4 Beruf und privat – der selbe Mensch

Denken Sie nur einmal an das Berufsleben. Auch dort bekommen nicht immer die qualifiziertesten Leute auch die besten Jobs und umgekehrt.

Herr Meier bewirbt sich um eine Stelle bei Herrn Konrad, einem Inhaber eines großen Fachbetriebes für Heizungstechnik. Leider ist Herr Meier nicht der einzige Bewerber. Herr Fink ist ähnlich qualifiziert und sogar einige Jahre jünger. Scheinbar sind beide Teilnehmer für die Stelle als Projektleiter bestens geeignet. Herr Konrad fällt deshalb die Entscheidung schwer. Er entschließt sich, mit beiden Anwärtern ein längeres Gespräch zu führen und auch die Pläne für einen demnächst laufenden Großauftrag durchzusprechen.

Herr Fink ist sein erster Gesprächspartner. Der freundliche Bewerber bekräftigt, dass er sich größte Mühe geben möchte, seinen Anforderungen gerecht zu werden. Das Gespräch verläuft angenehm. Herr Konrad zeigt ihm die Pläne über das Fernheizkonzept eines Industriegebiets, das demnächst verwirklicht wird und dessen Aufwand auch die Tatkraft des künftigen Projektleiters erfordert. Herr Fink betont, dass er qualifiziert genug dafür ist und sein Bestes geben werde. Herr Fink sieht sich interessiert die Pläne an und bedankt sich schließlich, dass er für ein so großes Projekt eingesetzt werden soll.
„Ich freue mich auf eine gute Zusammenarbeit. Es wäre schön, wenn ich für Sie tätig werden dürfte!“

Herr Konrad hat einen guten Eindruck von Herrn Fink.

Nach einer freundlichen Verabschiedung kommt Herr Konrad mit Herrn Meier, seinem zweiten Favoriten, ins Gespräch. Herr Meier bekräftigt, er freue sich schon auf diese neue Herausforderung und werde sofort eine gute, effektive Teamarbeit organisieren. Er habe vor, die fachliche Qualifikation sämtlicher Mitarbeiter eingehend zu prüfen und zu berücksichtigen, um jeden einzelnen Mann wirklich optimal und gewinnbringend einzusetzen. Herr Konrad zeigt ihm die Pläne des Fernheizprojekts. Herr Meier ist interessiert und stellt sofort einige Fragen über die kalkulierte Dauer der Ausführung. Herr Meier bespricht das Projekt so angeregt, als wäre er für die Überarbeitung der vorläufigen Pläne zuständig und bringt in bestimmten Bereichen wichtige Verbesserungsvorschläge an. „Die Steigleitungen in den Häusern sind mit 24 mm zu knapp dimensioniert. Das erfordert eine zu große Pumpleistung. Ich werde auf 30 mm erhöhen, was sogar eine Kosteneinsparung zur Folge hat, da die Pumpen kleiner dimensioniert werden können. Zudem ist die Geräuschentwicklung geringer."
Solche und weitere Details führen dazu, dass Herr Konrad geradezu verblüfft ist.
„Ich bitte Sie, mir eine Kopie anfertigen zu lassen, ich möchte die Pläne umgehend überarbeiten. Es liegt an Ihnen, ob ich sofort oder erst Montag in einer Woche bei Ihnen anfange. Um die Termine einzuhalten, wäre es aber wichtig, gleich nächste Woche zu beginnen!"
Wie automatisch willigt Herr Konrad ein und bittet Herrn Meier, die Stelle sofort zu übernehmen.

Herr Meier und Herr Fink sind qualifiziert. Während Herr Fink nur die Botschaft vermittelt, er werde sich bemühen und sei geeignet, geht Herr Meier mehrere Schritte weiter und manipuliert Herrn Konrad mehrfach. Er stellt ohne Zweifel fest, dass er der „Mann“ für diese Projektleiterstelle ist. Er greift in das wichtige Projekt ein, benimmt sich so, als sei er schon angestellt. Diverse logische Anmerkungen und mehrere kostensparende Verbesserungen erklärt er klar verständlich und mit Nachdruck. Er stellt sich sofort als idealer „Partner“ von Herrn Konrad und auch zu allen Mitarbeitern heraus, die er selektiv einsetzen möchte. Als Herr Konrad genügend manipuliert ist, stellt er umgehend die Dringlichkeit seines sofortigen Einsatzes in den Vordergrund. Er lässt keine Zweifel an einer positiven Entscheidung erkennen. Herr Konrad willigt bereitwillig ein. Zu groß waren die suggerierten Vorteile, zu nachhaltig die Methoden der Manipulation. Später wird sich Herr Konrad selbst wundern, wie schnell er zugesagt hat. Er ist sich aber dennoch sicher, die richtige Entscheidung getroffen zu haben. Die Manipulation wirkt weiter.

Es gibt sicher zahlreiche Fälle in Ihrem Leben, als Sie deutlich schneller, ungewohnt oder gar entgegengesetzt handelten, weil Sie den Kräften der Manipulation erlegen waren. Es gilt, solches Verhalten zu erkennen, zu steuern und zu seinem eigenen Vorteil zu nutzen. Viele Erforscher der Manipulation sind der Meinung, dass der Mensch im Prinzip ständig versucht, seine Mitmenschen zu manipulieren. Dies steuert er meist unbewusst und daher nicht immer erfolgreich. Lernen Sie daher, bewusst und zielgerichtet zu manipulieren.

Beruflich wie privat ist es eine unabdingbare Vorraussetzung, seine Fähigkeiten präsentieren zu können. Auch hinsichtlich der Eroberung hilft es Ihnen nicht zu warten, bis der Mann Ihre Vorteile irgendwie erkennt. Dann werden Sie sofort von einer Nebenbuhlerin aus dem Feld geschlagen, die es besser versteht, sich ins „Rechte Licht" zu rücken. Unabhängig davon, ob ihr dies zusteht.

7.0 Zeigen Sie, dass Sie hier sind

Es bedarf keiner Angeberei, um sich überhaupt zu einem aktiven, interessanten Menschen zu machen. Solche Grundregeln des Erfolgs sind noch keine Tricks, die ich Ihnen später noch verraten werde. Nehmen wir mal an, Sie haben Ihren Führerschein verloren. Sie müssen selbst zum Ordnungsamt. Sie wissen nicht genau, welcher Schalter dafür zuständig ist und stellen sich daher in eine Reihe, die vor dem Schalter „Ausgabe Führerschein" wartet. Nach 23 Minuten sind Sie endlich dran. "Entschuldigung Sie bitte, ich habe meinen Führerschein verloren. Bin ich bei Ihnen richtig, einen Neuen zu erhalten?"

Wie glauben Sie, wird sich der Herr hinter dem Tresen verhalten?

Jeder Mensch strebt nach Macht. Sie haben sich mit Ihrer Art sehr klein gemacht, eine ideale Gelegenheit für den jungen Mann am Schalter, Macht zu beweisen:

„Na, so einfach geht's ja wohl nicht. Erst mal schnell den Führerschein verlieren und dann bei mir an der Ausgabe einfach mal einen Neuen holen. Da müssen Sie

erst mal eine Verlustbescheinigung einreichen und was weiß ich alles. Hier sind Sie jedenfalls falsch ..."
Demotiviert überlassen Sie dem Nächsten den Schalter und denken sich:
„Gott, hört sich recht kompliziert an und jetzt habe ich vergessen zu Fragen, wo ich so eine Bescheinigung bekomme."

Sie hätten aber auch auf ganz andere Weise verfahren können. Anstatt zu warten, wären Sie zum Schalter gegangen, hätten sich bei dem ersten Wartenden mit einem charmanten Lächeln und den Worten entschuldigt:
„Ich muss nur mal fragen, wo ich hin muss. Falls ich hier richtig bin, stelle ich mich hinten an!" Mit dem Schalterbeamten konfrontiert, wäre ein nettes Lächeln angebracht mit den Worten:
„Hallo, junger Mann. Leider hab ich zum ersten Mal meinen Führerschein verloren, aber ich finde es lieb, dass Sie mir sagen, was zu machen ist."
Eine folgende Reaktion ist wahrscheinlich, denn Sie haben die Zauberworte „jung und lieb" benutzt:
„Na, da gehen Sie erst mal rüber zu Zimmer 411, Herrn Brandmeier. Es gibt leider erst einigen Formularkram zu erledigen, bevor es einen neuen Führerschein gibt ..."
„Danke, tschüss dann"

Leider gibt es in solchen Ämtern vereinzelt sogar Damen und Herren, die auch bei dieser Freundlichkeit Ihre Macht ausüben möchten. Dem ist dann selbstbewusst zu begegnen:

„Hören Sie mal, junger Mann. Ich habe noch nie zuvor

meinen Führerschein verloren und es gehört nicht zu meiner Lebensaufgabe, automatisch zu wissen, was ich in diesem Fall machen muss. Ich weiß nur, dass Sie hier sitzen, um freundlich zu sein und zur Abwicklung beizutragen. Wenn Sie mir nun bitte umgehend genau erklären, was zu tun ist, damit die Personen hinter mir anschließend freundlich von ihnen weiter bedient werden können."
Weisen Sie die Person also, sofern Sie abwertend behandelt werden, auf Ihre Pflichten hin.

Egal, bei welchen Gelegenheiten des Lebens Sie sich präsentieren werden. Sie sollten nicht denken:
„Ich hoffe, dass es irgendwie klappt",
sondern selbstbewusst:
„Ich werde dafür sorgen, dass es klappt."
Das ist auch bei den Männern der „Erste Schritt" zur Verführung!

7.1 Hemmungen

Gehören Sie zu den Frauen, die gerne aktiv werden möchten, das übliche Rollenspiel verlassen würden, aber lange zögern? Ich weiß von vielen Frauen, dass der Mut fehlt, Schritte zu tun, deren Entwicklung nicht eindeutig vorbestimmt werden kann. Mit diesem Problem befinden Sie sich in allerbester Gesellschaft. Frauen aus allen Schichten haben mir dies bestätigt. Nehmen wir an, Sie sehen einen Supertypen, wo auch immer. Sie möchten diesen gerne ansprechen, zögern aber dann aus diversen Gründen:

- Ich weiß nicht, wie er reagiert.
- Ich muss erst genau überlegen, was ich sage.
- Ich muss erst klären, ob er allein hier ist oder eine Freundin auftaucht.
- Habe keine Ahnung, wie ich Kontakten soll.
- Er wird denken, ich quatsche ihn blöd an.
- Ich bin zu unsicher und nervös!
- Wenn ich was gesagt habe, selbst wenn es positiv ankommt, was mache ich dann?
- Was will ich überhaupt?
- Ich glaube, da habe ich keine Chancen.
- Vielleicht hören es auch andere Menschen und ich mache mich lächerlich.
- So wie der aussieht, hat er bestimmt längst eine Freundin!

So kommt es, dass der Mann schon wieder weg ist und die Gelegenheit verpasst. Nicht selten trösten sich die Frauen mit den Gedanken: “Bei dem hätte ich keine Chancen gehabt! So interessant war er außerdem auch wieder nicht!“

Dies ist nur eine Rechtfertigung für sich selbst und hilft Ihnen nicht weiter.
Es ist im Leben wichtig, innerlich zu allen Fehlern zu stehen. So erkennen Sie bitte, dass Sie nicht mutig genug waren und denken Sie deshalb: "Das war eine schwache Leistung von mir. Nächstes Mal packe ich es aber!"

Eine verpasste Gelegenheit!
Schlimm?
Nein, das nicht, aber schade.
Schade deshalb, weil Sie es nicht versucht haben. Jeder noch so kleine Versuch bedeutet, einen wichtigen Schritt zu erfolgreichen Verführerin zu gehen. Es ist wie mit allem im Leben: Nur wer es anpackt und fleißig übt, kommt zum Erfolg. Und dann wird es mit einem Mal so einfach, dass man sich selbst wundert, die Fähigkeit nicht eher erlangt zu haben.

Um Hemmungen zu überwinden, ist es wichtig, sich das Schlimmste vorzustellen, was passieren könnte. Sofern Sie sich damit auseinandersetzen können, gibt es keinen Grund mehr, Angst zu haben. Möchten Sie z.B. beim Einkaufen einen Mann ansprechen, ist das Schlimmste, was passieren könnte, eine abweisende Bemerkung. Na und? Damit können Sie leben und mit dem Mann haben Sie künftig sowieso keinen Kontakt mehr. Es kann Ihnen egal sein, was er denkt und vermutet. Hier noch ein Trost. Abweisende Bemerkungen sind in so einem Fall von Männern viel seltener zu erwarten als in der Umkehrsituation von Frauen. Kein Grund also, es nicht sofort zu versuchen!

8.0 Die Erscheinung

Wo immer Sie sich bewegen, Sie sind nicht einfach nur hier, sondern Sie erscheinen.
Dies möchte ich Ihnen als Denkanstoß geben, um Ihren Auftritt, Ihren Charme und die Einstellung gegenüber sich selbst zu verbessern.
Jeder fühlt sich gut in Gegenwart von einem Menschen, der voller Lebensfreude, Antriebsstärke und Charme ist. Solche Personen wirken jeden Tag, als hätten Sie einen Hauptpreis gewonnen. Sie strahlen eine Zufriedenheit aus, egal ob dies der Wahrheit entspricht. Sicher ist jedenfalls, dass die Umwelt gezeigte Lebensfreude positiv empfindet.
Wenn Sie sich mal nicht sehr glücklich fühlen, müde und schlaff wirken, sollten Sie dies schnell ändern. Reißen Sie den rechten Arm hoch und sagen Sie zu sich selbst:
„Ich bin super! Ich bin glücklich! Es geht mir gut!“
Reißen Sie auch den linken Arm hoch:
„Ich erreiche alles, was ich will!“
Und dann hüpfen Sie ein wenig. Es hilft, es wirkt Wunder, und es ist keinesfalls lächerlich.
Gehen Sie kurz auf die Toilette, falls Sie sich während eines Events „aufladen“ müssen.
So leicht, beschwingt und glücklich zu wirken ist ein Geheimrezept aller erfolgreichen Menschen. Es hilft Ihnen auch, Charisma auszustrahlen. Charisma ist die Anziehungskraft, die sehr schwer zu erklären ist. Jeder Mensch kann auf seine Weise charismatisch wirken und so den Kontakt mit den Mitmenschen auf wundersame Art verbessern.

Zitat:
Gegen Worte kann sich ein Mensch wehren,
gegen Ausstrahlung nicht.

Machen Sie aber nicht den Fehler, den ein Bekannte von mir machte, die zum lockeren Menschen werden wollte: Werden Sie keinesfalls zum Witze-Erzähler!
Auch wenn eine solche Haltung bei Frauen selten vorkommt, eine unbeholfene Art, Spaß zu verbreiten, der nicht ankommt, habe ich oftmals erlebt.
Ausstrahlung ist abgestrahltes Selbstbewusstsein in Bewegung, Wort und Blick.

8.1 Körperliche Schönheit

Man kann es nicht leugnen. Schönheit ist ein erster Fokus für jeden Menschen. Daher hilft gutes Aussehen bei der Eroberung, was nicht abgestritten werden kann.
Im ersten Moment, indem wir einen für uns „schönen“ Menschen erblicken, setzen wir unbewusst hohe Erwartungen in ihn. Diverse psychologische Testreihen haben sogar gezeigt, dass wir solche Personen auf Anhieb intelligenter einschätzen. Sofort nach diesem Bonus, den wir dem guten Aussehen gewähren, erwarten wir jedoch mehr: Die Bestätigung dieser positiven Vermutung.
Werden z.B. die Erwartungen hinsichtlich der Intelligenz nicht erfüllt, spricht man sehr schnell von „Schön und dumm“.
Auch die anderen, erwarteten Eigenschaften werden geprüft, bestätigt oder in der Folge enttäuscht.

Eine Frau, die nur sehr schön ist, aber sonst keine nennenswerten Vorzüge, liebenswerten Eigenschaften und Reize in den Augen der Männer vorweisen kann, wird schnell abwertend als „Schön und sonst nichts“ oder gar als „Schön und blöd“ bezeichnet.

Sollten Sie also zu den Schönen gehören, haben Sie kurzzeitig einen Vorteil, den es zu verteidigen gilt. Sind Sie kein „schöne“ Frau, sind Sie im „Ersten Blick“ benachteiligt, was Sie sofort durch andere, positiv wirkende Eigenschaften kompensieren können und müssen.

8.2 Aussehen

Schon wieder von der Schönheit die Rede? Nein.
Das Aussehen möchte ich hier als Gesamterscheinung betrachten.

Ich habe oft „schöne“ Frauen gesehen mit einem ernsten oder eingebildeten Blick. Ich konnte immer wieder feststellen, dass eine weniger hübsche Frau mit einem strahlenden Lächeln stets anziehender wirkt.
Eine entsprechende „Gangart“, die Macht der Bewegung und andere Eigenschaften machen aus einer „normalen“ Frau eine begehrenswerte Persönlichkeit. Ihre körperlichen Voraussetzungen sind nur die Hülle dessen, was Sie darstellen! Viele Frauen haben mir mittels Fotos eine sichtbare Verwandlung dokumentiert.

8.3 Bewegung als Charakterbild

Nehmen Sie sich die Zeit und beobachten Sie Frauen wie Männer in einer Fußgängerzone. Das Gehen will gelernt sein. Ebenso ein zufriedener, entspannter, aufgeweckter Gesichtsausdruck. Nur wenige beherrschen es. Viele gehen mit hängenden Schultern, oft sogar nach vorn gebeugt. Andere trippeln in viel zu kleinen Schritten vor sich hin. Auch eingebildete Menschen werden Sie antreffen, die sichtlich überheblich mit hochgezogenem Kopf entlanggehen. Viele Gesichter sind mürrisch, traurig, lustlos, genervt und angespannt.
Warten Sie auf einen Menschen, der es versteht zu „gehen". Es kann sein, dass Sie eine Weile warten müssen, denn diese Eindrücke sind selten. Ohne zu wissen, wie sich ein solcher Mensch bewegt, werden Sie das Positive, das dieser Mensch auszustrahlen vermag, sofort erkennen. Ein Blick in sein Gesicht zeigt, dass seine elegante und doch entspannte Gangart in Einklang mit dem Gesichtsausdruck steht.

8.3.1 Elegantes gehen

„Bewusstes Gehen" bedeutet nicht gekünstelt. Elegantes gehen wirkt nicht eingebildet, sondern selbstsicher und erfolgreich. Bei Frauen kann dies mit Esprit und einem Hauch von Erotik gewürzt werden.
Können Sie sich noch an den verstorbenen Schauspieler Helmut Fischer erinnern? Sein Gang war nicht perfekt, aber lässig, ohne eingebildet zu wirken. Der Körper

aufrecht, Kopf in einem Blickwinkel von 90 Grad bei einem lockeren Gesichtsaudruck. Das ständige Hin- und Herschauen, verbunden mit den seitlichen Bewegungen des Kopfes, wirkten wegen des ansonsten korrekten Ganges nicht unsicher, sondern sehr neugierig und erwartungsfroh. Da ich Herrn Fischer persönlich kannte, versichere ich Ihnen, dass seine Gangart nicht gekünstelt, sondern ein Abbild seines Charakters war.
Bei einer Person mit schleppendem Gang, hängenden Schultern und angespanntem Gesichtsausdruck, würde man die häufigen, seitlichen Blicke als Unsicherheit werten.
Was sind nun die wichtigen Eigenschaften, um elegant und zugleich locker zu gehen?
Sie haben richtig gelesen. Diese beiden Forderungen schließen sich nicht aus!

Stellen Sie sich so gerade hin, dass Beine und Rücken eine Linie bilden. Der Kopf ist gerade. Stellen Sie sich einen Strahl vor, der direkt aus den Pupillen austritt. Dieser müsste dann mit Ihrer Rückenlinie einen 90 Grad Winkel bilden, der Strahl müsste also waagrecht zur Straße verlaufen. Ist doch logisch, denken Sie?
Scheinbar nicht!
Die meisten Menschen stehen und laufen mit einem mehr oder weniger geneigten Kopf. Einige wiederum, heben den Kopf in voller Absicht sehr weit an, was angeberisch und gekünstelt wirkt.
Dieser gerade Stand ist die wichtige Grundstellung, um jetzt das Gehen zu lernen. Die Fußspitzen zeigen beim Gehen ganz leicht nach außen. Jeder Schritt muss

flexibel und locker wirken, ohne betont lässig zu gehen. Im Gegenteil, jeder Schritt setzt sanft mit der Ferse auf und rollt sich dann über den großen und den zweiten Zeh elegant ab. Die Sohlen unserer Schuhe sind nicht ohne Grund biegsam. Trotzdem gibt es nicht wenige, die immer mit dem vollen Fuß aufsetzen und abheben. Das wirkt holperig, sogar ziemlich primitiv. Stellen Sie sich die Schuhsohle gebogen vor und rollen Sie jeden Schritt entsprechend darüber. Selbstverständlich darf sich die Wirbelsäule mitbewegen, sonst wirken Sie, als hätten Sie einen Stock verschluckt. Die Arme hängen locker nach unten oder werden leicht angewinkelt. Sie bewegen sich im Rhythmus des Ganges leicht mit. Leicht bedeutet nicht, dass Sie mit den Armen den Schwung verstärken, sondern nur begleitend wirken. Das selbe gilt für den leichten Hüftschwung, den jede Frau als zusätzlichen Reiz der Damenwelt einsetzen sollte. Achten Sie, dass der Kopf wie beschrieben oben bleibt, gelegentlich etwas in Richtung interessanter Dinge bewegt wird, ohne in Ihrer Euphorie zu weit nach oben zu wandern.

Am Gang erkennen Ihre Mitmenschen oft schon, mit wem Sie es zutun haben. Dies läuft vollkommen unterbewusst ab. Psychologische Tests beweisen, dass sich die Menschen nicht erinnern können, dass Sie Personen nach Ihrer Gangart beurteilt haben.

Üben Sie in Ruhe Ihre Art zu Stehen und zu Gehen. Sie werden feststellen, das es Ihnen Freude bereiten wird, sich in der Öffentlichkeit vernünftig zu bewegen. Es wird Ihr Selbstvertrauen noch weiter stärken. Sind Sie bereit zu üben oder finden Sie es lächerlich?

8.4 Gesichtsausdruck und Mimik

Die Schönheit des Gesichts ist sehr oft nur im Gesichtsausdruck begründet. Ein Lächeln kann sehr viel Positives beitragen. Bewegungen des Gesichts können lebendig, aber auch abweisend wirken. Blicken Sie in den Spiegel. Versuchen Sie ein Lächeln. Falls diese Übung neu für Sie ist, werden Sie mit dem ersten Ergebnis nicht zufrieden sein. Ein richtiges Lächeln findet bei leicht geöffnetem Mund statt und lässt die Zähne blitzen, die gepflegt und weiß sind. Lächeln bei geschlossenem Mund wirkt unecht und wie das Lächeln eines Clowns. Ein zu weit geöffneter Mund wirkt aufdringlich. Achten Sie darauf, dass die Augen dabei weit geöffnet sind. Sie müssen „strahlen". Ein ideales Lächeln dauert insgesamt etwa 2-3 Sekunden. Versuchen Sie es! Sie werden sehen, eine kürzere Zeitdauer wirkt unecht, eine längere ermüdet Sie und den Betrachter.

8.5 Alt und Jung

Ein junges Gesicht verzeiht unangenehme Mimik. Viele Arten eines Gesichtsausdrucks, die bei einem jungen Menschen durch die straffe Haut nicht negativ wirken, sehen beim älteren Menschen unangenehm aus. Eine typische Angewohnheit ist eine zu heftige Aktivität der Stirnmuskulatur. Was beim jungen Menschen aktiv wirkt, ist bei älteren Semestern ungünstig. Man zieht die Stirnmuskulatur an und die Stirn legt sich in tiefe Falten. Was mürrisch und angespannt wirkt, hat eine bleibende

Wirkung. Es bilden sich immer mehr Falten, die im Ruhezustand bestehen bleiben. Achten Sie mal darauf, welche Menschen starke Gesichtsfalten haben. Ihnen wird auffallen, dass diese Personen im Laufe eines Gesprächs ständig Ihre Gesichtsmuskulatur sehr stark bewegen. Andere, die diese Angewohnheit nicht haben, bleiben oft bis ins hohe Alter nahezu faltenfrei. Viel zu viel Geld verschwenden die Frauen mit teuren Anti-Falten-Cremes, deren Wirkung wohl mehr auf der Hoffnung beruht.

Überstarke Mimik sollten Sie sich dringend abgewöhnen. Viele Falten werden verschwinden oder gar nicht erst entstehen. Machen Sie allein mal einen Test. Mit der einen Hand halten Sie die Stirn gespannt, mit der anderen kleben Sie ein breites Klebeband über die Stirn. Sie werden jetzt immer spüren, wenn Sie die Stirn runzeln möchten. Für größere Geldbeutel gibt es in der heutigen Medizin wirksame Behandlungsmöglichkeiten mit Spritzen (Botox o.ä.), die für einige Monate die Aktivität der Stirnmuskulatur lahm legen und des weiteren dazu beitragen, sich auch für länger die Bewegungen abzugewöhnen.*

Ihr Gesicht sollte entspannt sein und nur in passenden Situationen eine starke Mimik aufweisen. Ansonsten ist eine leichte Mimik und ein bereits erwähntes Lächeln in diversen Situationen völlig ausreichend.

*eingetragenes Warenzeichen

8.6 Kleidung

Mit der richtigen Kleidung haben Sie die Möglichkeit, den ersten Eindruck eklatant zu verbessern, Ihren Typ zu unterstreichen und passende Akzente zu setzen. Auch an der Kleidung beurteilen wir Menschen, bevor wir Näheres über sie erfahren.
Man spricht in Verbindung mit Bekleidung oft von Stil. Dieser kann nur positiv wirken, wenn er in Verbindung mit der Person, also praktisch immanent ist. Wirkt er dagegen nur aufgesetzt, empfinden wir bestimmte Stilakzente als negativ. Wichtig ist dies auch hinsichtlich der Farben. Erwartungen der Mitmenschen sollten berücksichtigt werden. So wenig ein roter Anstrich an einem Haus Anklang findet, so wenig werden Sie im blauen Jogginganzug erreichen.
In gewisser Erwartung würden wir einen Finanzmanager im sportlichen Outfit weniger Kompetenz zuschreiben als der selben Person im dunklen Anzug mit Brille und Krawatte.
Eine allgemeine, stets passende Regel gibt es daher nicht. Unterstreichen Sie den Typ, den Sie darstellen möchten.
Ein sehr diffiziles Thema bleibt, wie verführerisch eine Frau sich kleiden sollte. Im täglichen Berufsleben sind hier sicherlich andere Maßstäbe anzusetzen wie in der Freizeit, in der Disco, im Tanzlokal oder Restaurant.
Einer jungen Leiterin eines Großunternehmens wird man bei einer Besprechung mit der Geschäftsleitung sicher nicht alle Arten der Bekleidung zubilligen. Eine seriöse Bekleidung ist hier der Sache sicher dienlicher als der

Minirock mit dem sexy Top.

Als generelle Regel gilt jedoch:
Erfüllen Sie die Erwartungen der Mitmenschen.
Wenn Sie sich entscheiden, sich sehr verführerisch zu kleiden, in knappem Oberteil die Männer zu betören, dürfen Sie sich nicht wundern, eindeutige Angebote aus der Männerwelt zu erhalten. Ob jedoch Ihr Traumtyp dabei ist, kann ich Ihnen nicht garantieren. Ein gesundes Mittelmaß, nicht aufreizend sondern anziehend wirken, hat sich hier bestens bewährt.

Tragen Sie die Kleidung zuhause und üben Sie Gehen, Stehen und andere Bewegungen. Dies ist keinesfalls lächerlich. Kaum jemand gelingt es elegant zu gehen, richtig zu stehen, und mit den Armen während eines Gesprächs, falls erforderlich, dezent zu deuten, zu bekräftigen oder andere Signale zu geben.

9.0 Der Startschuss

Die erfolgreiche Verführung ist etwas, was schon einer gewissen Perfektion bedarf. Je weniger davon, desto schwieriger und langwieriger wird es. Zu viele Fehler führen unweigerlich zum Scheitern des Vorhabens.

9.1 Kleiner Anfang zum großen Erfolg

Ich möchte Sie nicht mit irgendwelchen Erfolgsrezepten bombardieren, wie es leider in vielen Büchern der Fall ist, sondern mit Ihnen gemeinsam den Weg aufbauen. Dann werden Sie die Wichtigkeit einzelner Aktionen verstehen und eine brillante Verführerin aller Arten von Männern werden.

9.2 Verführung im Schnellverfahren

Dieses Buch zielt darauf ab, Ihre diversen Erwartungen durch sichere Strategien möglichst schnell zum Erfolg zu bringen. Darunter verstehe ich nicht die von einigen, selbstsicheren jungen Frauen angewandte „Methode mit der Brechstange“. Bei dieser mir unverständlichen Art der Verführung zeigt die Frau mit aufreizender Kleidung, frivolem Gang und eindeutigen Blicken, dass Männer willkommen sind. Sie wird von diversen Typen angebaggert, scheint nicht wählerisch zu sein und verfolgt Ihr Ziel. Logisch, dass die Männer auf sie aufmerksam werden. Ein solches Mädchen möchte ihr

Vorhaben durchsetzen. Diese Art von Emanzipation bringt Sie sicher nicht dahin, wo Sie hin möchten – zu Ihrem Traumtyp, der in ihr etwas besonderes sieht – viel mehr als nur ein leichtes Mädchen!
Dies hat nichts mit schneller Verführung zu tun. Das ist unprofessionell und für Sie unbefriedigend. Sie möchten einen bestimmten Mann verführen. Egal ob Sie diesen seit 3 Jahren oder 3 Sekunden kennen und nicht nach der Methode „Hauptsache irgendeinen“ verfahren.

Ich werde Ihnen aufzeigen, wie Sie mit nahezu 100 % Erfolg die Männer wie folgt verführen:

- Kontakten
- Sympathisch erscheinen
- Seinen Humor wecken
- Botschaften senden
- Ein unwiderstehliches Image aufbauen
- Erotisierend wirken in Sprache und Bewegung
- Seine Lebenslust spüren
- Seine Wunschträume aktivieren
- Seine Traumfrau darstellen

- Erotische oder gar sexuelle Wünsche wecken
- Sich erobern lassen, nicht erobern

Vielleicht werden nicht alle Methoden in diesem Buch Ihre volle Zustimmung finden. Manche Frauen sind zu ehrlich, um zu lügen. Andere wiederum möchten etwas erreichen, ohne Dinge vorzugeben, die gar nicht sind. Ich möchte Ihnen aber die optimalen, schnellsten und sichersten Strategien aufzeigen. Machen Sie an diesen Dingen Abstriche, sobald Sie sicher genug sind, um ohne die maximale Beeinflussung erfolgreich zu sein. Den Verlust an Schlagkraft können Sie anderweitig geschickt kompensieren.

9.3 Miniflirt

Der Miniflirt ist der Beginn allen Handelns. Üben Sie diesen ab sofort täglich und überall ohne weitere Schritte einzuleiten, die Sie noch nicht beherrschen. Sorgen Sie dafür, dass Sie im Miniflirt erst perfekt werden!

9.4 Orte des Flirts

Glauben Sie mir, liebe Leserin, diese Überschrift dürfte es eigentlich gar nicht geben. In zahllosen Büchern über Flirt und Verführung ist lang und breit zu lesen, welche Orte und Gelegenheiten für einen Flirt geeignet sind. Die Disco, in der es angeblich viel zu laut ist, um richtig zu

flirten wird ebenso erwähnt wie Privatpartys und Arbeitsplatz. Ich glaube aber, dass Ihnen sehr wohl klar ist, dass Sie auf der Berliner „Loveparade“ vermutlich größere Chancen auf einen Flirt haben als bei einem Besuch Ihrer Mutter. Werde ich gefragt, welcher Ort zum Beginn eines Flirts geeignet ist, gebe ich seit vielen Jahren sinngemäß die selbe Antwort:
„Dort, wo es eine oder mehrere für Sie interessante Männer gibt!“
Da ich annehme, dass Sie nicht 4 Männer gleichzeitig verführen möchten, genügt Ihnen also einer, falls es Ihr Traumtyp ist, um aktiv zu werden. Oft ist es sogar hinderlich, wenn Hunderte oder Tausende von Menschen Ihr Opfer ablenken, während Sie die Methoden der Manipulation zum Ansatz bringen möchten. Es ist meist schwieriger oder gar unmöglich, einen Mann aus einer Gruppe von Freunden herauszureißen, um ihn zu erobern, als mit dem selben Mann von der Straße weg eine Verabredung zu vereinbaren. Für etwas schüchterne Frauen möchte ich aber dennoch ein paar besonders geeignete Flirt-Orte empfehlen. Optimale Gelegenheiten sind für blutige Anfänger keinesfalls Plätze und Veranstaltungen, bei denen Sie ein Anonymus unter vielen sind. Nein, am einfachsten ist es für den ungeübten oder schüchternen Flirtschüler immer dort zu Kontakten, wo Menschen gleiche Ziele verfolgen. Nehmen Sie an einem Kurs der Volkshochschule für Führungskräfte oder, falls das nicht Ihrer Karriere entspricht, an einem Kurs über Finanzen oder Börse teil. Jeder andere Kurs, der vorwiegend von Männern belegt wird, ist geeignet, um Fortbildung mit Flirtversuchen zu verbinden. Hier gibt es ein gemeinsames Thema, das

sich zur Kontaktaufnahme regelrecht aufdrängt. Zudem sehen Sie sich an den Kurstagen periodisch und es ist keine Eile geboten, sofort zu handeln. Sämtliche Kurse wie Fremdsprachen oder Computerkurse, sind ebenso bestens geeignet. Auch ein wenig Bewegung, falls Sie sich mit dem Gedanken des Sports anfreunden können, kann Ihnen nicht schaden. Ein Fitnessclub wird von gutaussehenden Männern besucht. Hier sind Damen sehr gerne gesehen. Zudem ist hier Ihr Körper in Bewegung und es fällt leicht, verführerisch zu wirken, aber eben erst dann, wenn der Mann Ihrer Visionen dort zu finden ist.

Sicherlich ist es so einfach, einen Mann zu verführen, dass Sie dafür wirklich nicht extra die Volkshochschule besuchen brauchen. Es hilft Ihnen als Anfänger jedoch, anfängliche Startschwierigkeiten gezielt abzubauen. Ich garantiere Ihnen, dass Sie in Kürze solche Hilfsmittel nicht mehr benötigen, denn meist sind es spontane Momente, die Ihnen die Gelegenheit zum Flirt geben.

Wohin immer die täglichen Wege des Lebens Sie führen, gibt auf dieser Welt so viele Männer, dass Ihnen ein traumhaftes Exemplar begegnen wird. Verwenden Sie zum Flirt die Stationen Ihres täglichen Weges, haben Sie noch nicht einmal einen zusätzlichen Zeitaufwand. Eine Affäre kann überall beginnen. Im Supermarkt, im Schuhgeschäft und an der Tankstelle. In der langen Warteschlange an der Kinokasse wie im Restaurant. Nur allein zuhause, ohne Hoffnung auf Besuch, tendieren die Chancen gegen Null.

Es könnte spontan an der Tür läuten. Sie öffnen und ein Traumtyp steht vor Ihnen und sagt mit kräftiger Stimme: “Hallo, ich finde Dich einfach wunderbar!“
So oder ähnlich, glauben manche Frauen, sollte es sein. Und Sie warten Jahr für Jahr und es passiert leider nicht. Ich kenne viele Frauen, die sich von solchen Träumen losgesagt haben, aktiv geworden sind und heute zu den Verführerinnen gehören, die genau die Männer an Ihrer Seite haben, die sie sich immer wünschten.

9.5 Lächeln ist in

Nehmen Sie sich vor, jeden netten Mann anzulächeln. Spontan und grundlos. Egal bei welcher Situation. Sie werden sich wundern, wie oft Sie einen fröhlichen Gesichtsausdruck und ein megabreites Lächeln zurückerhalten. Männer fassen dies als direktes Kompliment auf und freuen sich immer über das Lächeln des weiblichen Geschlechts. Deshalb freuen Sie sich umso mehr, je weniger Grund es dafür gab, sie anzulächeln. Falls Sie bereits Meister dieser Disziplin sind, folgen Sie mir auf dem nächsten Schritt.

10.0 Die Manipulation beginnt

Bereits der erste Blick, das erste Wort auf Ihrem Weg, einen Mann zu verführen, ist im Grunde nichts anderes als pure Manipulation.
Nehmen wir an, Sie sehen einen Mann, der Ihre Gedanken binnen Sekunden in ein Chaos verwandeln könnte und Ihr Weg führt Sie geradewegs daran vorbei, oder Sie lassen ihn daran vorbeiführen. Während Sie vermutlich bisher nach einem kurzen Moment der Verwunderung den Traumtypen wieder aus den Augen verloren, möchte ich jetzt mit Ihnen gemeinsam Chancen erarbeiten.
Was könnten Sie tun?

- „Hallo“ sagen und vorbeigehen.

- Ihm die Hand geben und sich vorstellen.

- Ihn fragen ob er Zeit für einen Kaffee hat.

- Ihn anlächeln und weitergehen.

- Aufreizend vorbeigehen und ihm in die Augen schauen.

- Kurz ansehen und vorbeigehen.

- In etwas Entfernung stehen bleiben und warten, ob er auf mich aufmerksam wird.

- Hoffen, dass er mich anspricht.

Alles Dinge, die üblich, aber ungeeignet sind, Ihr Ziel zu erreichen.
Frauen, denen nichts Vernünftiges einfällt, aber dennoch nicht die inaktive Rolle fortsetzen möchten, gibt es zwar, ohne Strategie aber bleiben diese erfolglos und enden wieder in der Passivität.
Da der Typ Sie vermutlich gar nicht positiv registriert, ja Sie eventuell nicht einmal gesehen hat, ist er nicht auf einen Kontakt vorbereitet. Also muss sofort ein angenehmes Gefühl erzeugt werden. Dies gelingt immer mit einem locker verpackten Kompliment. Ja, hier steht das Wort „Kompliment“. Viele sind der Meinung, einem Mann macht man kein Kompliment. Glauben Sie mir, liebe Frauen, dies wirkt auch bei den Männern wahre Wunder. Hiermit ist jedoch nicht ein allgemein gültiges gemeint, sondern etwas spezifisches. „He, Du siehst gut aus“, ist weder einfallsreich noch erfolgreich. „Oh, Dein Shirt ist echt cool, passt zu Dir“, ist spezifisch und unterstreicht eine Einzigartigkeit. Sicherlich hat der Typ sein Shirt auch nach seinem besten Geschmack ausgesucht, Gedanken darüber verschwendet, was an ihm gut aussieht. So wird es in ihm ein positives Gefühl hervorrufen, wenn Sie gerade dies bestätigen. Treffer!
Sie werden mindestens ein Lächeln und ein „Danke“ erhalten.

Sicherlich hat nicht jeder Mann gerade ein „cooles“ Shirt. Doch eine Typ, den Sie auf Anhieb „klasse“ finden, wird in jedem Fall viele positive Dinge ausstrahlen, die als Kompliment verpackt werden können. Denken Sie darüber nach, welches Kompliment Sie in Ihrem Geschmack bestätigen würde.

„Puma Sportschuhe in Gelb/Rot, wusste nicht, dass es so was gibt. Sehen aber gut an Dir aus!"
Sofern möglich, beziehen Sie dies in erster Instanz auf undiskrete Dinge, die auch der Mann für gut hält. Kleidung und andere Auffälligkeiten sind bestens geeignet. Clevere Girls verpacken dieses Lob gleich noch nachfolgend in eine persönliche Attacke. Diesen Doppelschritt können Sie leicht verwirklichen:
„Deine sportlichen Klamotten passen prima zu Deinem trainierten Body", wird sicher positiv gewertet. Dies ist bereits ein „schweres" Kompliment, das Sie dringend durch ein starkes Lächeln unterstreichen sollten, um eine entstehende Befangenheit aufzulockern. In unserem Beispiel haben Sie den Typen nie vorher gesehen. Es gibt keinerlei Verbindung, zur selben Zeit am selben Ort zu sein. Daher würde das genannte Doppelkompliment anfangs schon zu weit führen. Bei einer Party, in der Disco, auf einem großen Empfang und ähnlichen, gesellschaftlichen Veranstaltungen ist dies jedoch bestens geeignet. Hier fühlen sich unbekannte Menschen bereits verbunden, selbst wenn dies nur unterbewusst abläuft.
Vollkommen ungeeignet sind direkte Sprüche, größere Komplimente und Meldungen wie:
„Hey Junge, ich bin die richtige Frau für Dich", sind zwar nicht obszön, aber nur bei einer besonderen Art Männer erfolgreich. Solche Angebereien wirken zu aufschneiderisch, enthalten keine erkennbaren positiven Gedankensmuster und sind daher zum Scheitern verurteilt. Zudem ist der Mann somit binnen Sekunden in der Entscheidungsnot, zu erkennen, ob Sie sein Typ

sind. Da er Sie noch nicht kennt, kann er aus dem Unterbewusstsein mit einer Antwort kontern, die Ihr Selbstvertrauen erschüttert und sich somit für künftige Flirtversuche negativ auswirkt.
Auch so moderne Sprüche wie:
„Hey Du, ich hab' die Telefonnummer meines Freundes verloren, drum gib mir doch mal Deine!"
Dies ist sicher ein flotter Spruch, jedoch kann der Mann direkt, im ersten Gedanken, nichts Positives entdecken.

Sofern er sich die Mühe macht, über die Aussagekraft nachzudenken, wird er, je nach Laune, auf unbestimmte Art reagieren.

Folgende Gedankenblitze sind wahrscheinlich:

- Die ist ziemlich durchgeknallt.
- Halbstarkes Weib.
- Vielleicht ganz nett aber ziemlich verrückt.
- Die baggert wohl jeden an.
- Den Spruch kennt doch schon jeder.
- Oh, scheinbar gefalle ich ihr ...

Wir sehen, alles ist möglich. Ob die Reaktion positiv oder negativ ausfällt, wird von zahlreichen Faktoren bestimmt. Neben der Laune des Boys hängt es von der generellen Einstellung zu solch coolen Meldungen, von Situation und Aufnahmefähigkeit ab, wie der Spruch gedeutet wird. Stop! Wir möchten nichts, aber auch gar nichts, dem Zufall überlassen. Daher kommen für uns nur Formulierungen in Frage, die in jedem Fall und unmissverständlich positiv aufgenommen werden. Zudem darf eine gewisse Grenze nicht überschritten werden, die den Mann in eine sofortige Entscheidung zwingt. „Na, Interesse an mir?“, wäre so eine weitere falsche Art, sich anzubieten. Der Typ müsste auch hier binnen Sekunden entscheiden. Sie hätten keine Gelegenheit, durch Charme und Manipulation zu glänzen. Bleiben Sie daher dezent. Dabei spielt es keine Rolle, ob der Mann Single, gebunden oder verheiratet ist.

10.1 Spontane Handlung

Der Flirt sollte möglichst spontan beginnen, um den Mann überraschend in eine gutes Stimmungsgefühl zu versetzen. Auch das ist schon Manipulation. Sicher ist das so eine Sache. Anfangs werden Sie nicht sofort die richtigen Ideen draufhaben. Stehen Sie zum Beispiel an der Kasse eines Supermarkts und sehen den netten Kassier, sollten Sie sogleich überlegen, was zu sagen ist. Sind Sie dann mit Bezahlen dran, machen Sie sofort beim ersten Augenkontakt Ihre Bemerkung. Das wirkt ehrlich und überrascht positiv. Falsch wäre es, stumm den Kassiervorgang zu beenden und beim weggehen noch schnell Ihren Spruch loszulassen. Jetzt fehlt jede

Spontanität und eine Bemerkung aus der Rubrik „schnell und fetzig“ wirkt dann sogar lächerlich und unsicher.

Fazit:
Agieren Sie dringend (evtl. scheinbar) spontan und nicht zu persönlich. Loben Sie etwas, was ihm sicher wichtig ist und nach Bestätigung sucht.
Denken Sie schon im Vorfeld über weitere, „spontane“ Bemerkungen nach, bevor Sie auf Übungstour gehen.
Merken Sie sich nach jedem Realitätstest die Reaktion und bewerten Sie diese.
Gehen Sie Schritt für Schritt vor. Perfektion erreicht niemand im ersten Anlauf.
Selbst wenn Sie bereits alle Kapitel dieses Buches gelesen haben sollten, bevor Sie es zum ersten Mal versuchen, machen Sie derzeit weiter nichts ...

Erprobte Beispiele, Männer unbefangen anzusprechen und somit den ersten Kontakt herzustellen, gibt es genug.
Hier nur einige davon:
Sie sehen, wie ein Mann Geschenkpapier eingekauft hat. Ihre Wege kreuzen sich rein „zufällig“ und Sie sagen: „Schön, dass Du mein Geschenk einpacken möchtest. Sag mir, was Du für mich gekauft hast!“, bringt Sie locker in’s Gespräch und gibt Gelegenheit für weitere Worte.

Sie sehen einen Supertypen, der am Parkplatz des Supermarkts ein paar wenige Einkäufe in sein Auto laden möchte. Ein wenig gefüllter Wagen oder gar ein paar Dinge in der Hand deutet zudem auf ein Singleleben hin. „Hast Du auch Schokolade gekauft?“. „Nein, habe ich noch zuhause“. „Hol sie“, dann werden wir die zusammen aufessen?“, wäre ein frecher Schachzug, der mit einem kräftigen Lächeln entschärft werden sollte. Das Angebot, zum essen mit zu ihm nach Hause zu gehen, wäre zu frivol! Wie immer gibt es unzählige Variationen. Stehen Sie in der Warteschlange an der Kasse, genügt ein „Sehe ich richtig, dann hast Du tatsächlich keine Schokolade für mich gekauft!“, um einen Kontakt herzustellen.

„Bin ich hier richtig Richtung Stadion, da ist heute das Open-Air Festival?“, worauf bei bejahender Antwort ein „Komm doch einfach mal mit, bevor ich mich dauernd verfahre!“, nachgeschoben werden kann.

Wichtig ist beim Üben anfangs noch gar nicht so sehr, was Sie sagen, sondern dass Sie etwas sagen ...

10.2 Angriffsmethoden

Irgendwann, wenn es für Sie ein „Leichtes“, ja sogar schon eine Art „Sport“ geworden ist, positive Reaktionen hervorzurufen, sind Sie in der Lage, weitere Maßnahmen zu ergreifen. Während viele Frauen denken, der erste Kontakt sei das Problem, muss ich immer wieder betonen, dass der zweite Schritt entscheidend ist. Abhängig von der Situation entscheidet diese Handlung darüber, ob „mehr“ aus der Sache wird.

Fazit:
Der Akteur sind Sie.

Es ist problemlos möglich, nach den Methoden dieses Buches aus einem lockeren Kompliment ein spontanes Abenteuer zu machen. Die meisten Menschen freuen sich darüber, wenn der andere ein gutes und lockeres Gefühl erzeugt, das sie nur zu erwidern brauchen. Sie selbst werden spüren, wann Sie soweit fortgeschritten sind, dass Ihnen die starken Männer fast wie Marionetten folgen ...

11.0 Eine Affäre nimmt Ihren Lauf

Während wir uns bisher nur auf kurze, positive Kontakte beschränkt haben, möchten wir jetzt mehr als ein Lächeln, mehr als ein Dankeschön, mehr als einen strahlenden Blick. Jetzt müssen wir dafür sorgen, dass Ihnen Ihre Beute nicht entwischt! Sie müssen entscheiden, ob ein sofortiger Angriff nötig ist oder nicht. Dies hängt von der Situation ab. Ist „Ihr Traum" der Barkeeper in Ihrem Lieblingsbistro, ist sicher weniger Eile geboten als bei einem zufälligen Treff, der sich vielleicht nie mehr in Ihrem Leben wiederholen wird. Bei Letzterem wird es jetzt heißen:
Alles oder (vielleicht) nichts!

Fahren wir mit unserem Beispiel fort.
Positive Stimmung haben Sie bereits erzeugt. Diese gilt es jetzt aufrecht zu erhalten. Jetzt kann auch etwas weiter ausgeholt werden, und zwar locker und wieder an der Situation orientiert. Bleiben wir noch in erstem Beispiel, dem Typen, den Sie zufällig getroffen haben. Sie haben ein „Danke" und ein dickes Lächeln erhalten, als Reaktion auf Ihre netten Worte.
Einige passende Sprüche:

- „Eigentlich war ich in Eile, dann dachte ich mit einem Mal, dass es doch nett wäre, mit einem interessanten Menschen zu sprechen!"

- „Sorry, dass ich Dich angelabert habe, doch es ist einfach aus mir rausgesprudelt, als ich Dich sah.

- „Was hat Dich denn hierher verschlagen?“
- „Du bist so groß, dass ich Dich erst für einen Baum hielt!“
- „Ich bin hier durch den Park, um ein wenig allein zu sein. Jetzt bin ich froh, dass ich es nicht bin“
- „Danke für Dein Lächeln. Ich dachte nicht, dass ich hier so einen netten Menschen treffen werde.“

Was Sie genau sagen, ist nicht so wichtig. Es muss nur ein Dankeschön verpackt werden, eine Freude über die (zwangsläufig) freundliche Reaktion.

Hüten Sie sich vor Einheitsquark wie:
„Du interessierst mich. Können wir uns nicht näher kennen lernen. Wie ist Dein Name. Wo wohnst Du? Wo arbeitest Du? Bist Du öfter hier?

Solche Meldungen outen Sie als einfallslos, aber auch flotter Einheitstenor wirkt negativ. Dann werden Sie zu einem weiblichen Sprücheklopfer abgestempelt.

Was Sie benötigen, um jetzt weiter fortzufahren, ist der bejahte Wunsch nach etwas gemeinsamer Zeit.
Sich nicht sofort wieder aus den Augen zu verlieren, ist auf einer Party, in der Disco, auf Veranstaltungen, am Arbeitsplatz usw. kein Problem. Hier können Sie ruhig und gelassen auch öfter die Methode „Miniflirt“ anwenden, bevor Sie den Köder auswerfen.

Fazit:
Bleiben Sie in jedem Fall situationsorientiert. Ihr Auftreten muss jedenfalls einzigartig, nicht schematisch erscheinen. Locker, nicht vorbereitet. Humorvoll, nicht verklemmt. Und einfach, denn coole Sprüche, deren Hintergrund erst nach einem Geistesblitz klar werden, verpuffen vielleicht, weil der Typ spontan überrascht ist und reagiert, bevor er hintergründig denkt.

Bieten Sie dezent etwas gemeinsame Zeit an. Sollte dies aus terminlichen Gründen nicht sofort möglich sein, vereinbaren Sie einen Ausweichtermin. Je unbefangener Ihr Vorschlag ist, umso eher wird er akzeptiert. Es sollte nicht zu eindeutig wirken, so als hätten Sie es besonders nötig, jeden passenden Typen abzuschleppen. Daher empfehle ich Ihnen die Mitmachregel:
„Ich wollte heute mal wieder zum Italiener an der Ecke. Kannst ja vorbeikommen, wenn Du möchtest". Nennen Sie dabei keine Uhrzeit und weitere genauere Angaben. Sofern er interessiert ist, wird er die nötigen Fragen stellen, damit das Treffen klappt. Falls nicht, war Ihre Bemerkung total unauffällig und daher unverbindlich, jedenfalls nicht auf ihn bezogen. Glücklicherweise brauchen Sie dann nicht vergeblich zu warten. Hüten Sie sich also davor, von Ihrer Seite her Termine zu vereinbaren. Oft schon führte dies dazu, dass Sie auf jemand warten, der nicht erscheint.
Noch unbefangener und somit in der Erfolgsquote noch höher sind Veranstaltungen von hohem Interesse, mit vielen anderen Menschen.
„Hallo, da fällt mir ein, dass ich zum Open-Air gehen wollte, wäre witzig, wenn Du mitkommst!"

Welchen Ort Sie wählen, hängt von Ihren Vorlieben ab und nicht zuletzt, was zum jeweiligen Alter passt. Sie werden bald schon das nötige Gefühl dafür entwickeln, was wohl akzeptiert wird. Beim Open-Air wird es sicher wiederum schwieriger, die Manipulation des Wortes zu verwenden. Handeln Sie nach der „Mitmachregel"! Hierbei gilt es in jedem Fall zu vermeiden, Ihrerseits eindeutige Treffpunkte und Termine vorzuschlagen. Eine Enttäuschung bleibt Ihnen somit von vornherein erspart.

12.0 Gradwanderung der Frauen

Für Frauen stellt sich immer wieder die Frage:
Wie aktiv darf ich werden?
Werde ich nicht als ein Flittchen bezeichnet, wenn ich eindeutig versuche, Typen aufzureißen?
Schreckt das die Männer nicht eher ab?

Dieses Buch vermittelt Ihnen die wichtigen Kenntnisse und Methoden, zielsicher die Männerherzen zu erobern. Um so zielsicherer Sie handeln, desto weniger auffällig wird es sein. Eine Frau, die sich entschlossen hat, aktiv zu werden, aber die wichtigen Regeln nicht kennt, nicht weiß, wie Männer denken und fühlen, wird oft erfolglos sein, daher immer wieder und immer direkter probieren zu erobern, immer weniger wählerisch handeln und daher immer mehr auffallen. In einem solchen Fall wird gerne von einem „Flittchen“ gesprochen, gewinnt man doch den Eindruck, dass es egal ist, wen sie verführt, Hauptsache irgendeinen.

Sie werden zielsicher nur diese Männer „kontaktieren“, die wirklich Ihren Vorstellungen des Wunschtypen entsprechen. Ihre dezenten, freundlichen Aktivitäten werden dann keinesfalls als aufdringlich empfunden. Männer fühlen sich in einem solchen Fall nicht abgeschreckt, sondern geschmeichelt, bestätigt und wertvoll.
Wie würden Sie in der Umkehrsituation eine freundliche, unbefangene Kontaktaufnahme befinden?
Sicherlich als sehr angenehm!

12.1 Manipulation und kleine Tricks

Im Sinne der Manipulationsmethoden gilt es nun zu unterscheiden, wie ehrlich Sie die Sache angehen und welcher Zeitfaktor Ihr Ziel ist.

12.1.1 Das kurze Abenteuer

Sofern Sie Ihren Spaß nur kurz und heftig erleben möchten, ist die ideale Methode:

Ich gebe ihm alles, was Er sucht!
Diese Handlungsweise ist sehr effektiv und wird vorrangig durch die Macht der Manipulation gesteuert. Sie sind soweit gekommen, ein Gespräch beginnen zu können. Dies hilft Ihnen beim Aufbau Ihrer Strategie.

12.1.2 Wunschvorstellung befriedigen

Sie geben dem Mann alles was er möchte. Sie erfüllen ihm alle Wünsche. Sie sind der Frauentyp, den er sucht und der das Begehren in ihm auslöst.
Hoffentlich haben Sie jetzt nichts Falsches gedacht! Das heißt nicht, dass Sie seine Marionette werden. Dies sei auch nicht in sexueller Hinsicht festgestellt. Sie und sonst niemand, bestimmen den genauen Zeitablauf und die Aktivität!
Jeder Mann hegt in seinen Gedanken, in seinem Unterbewusstsein, ebenso wie Sie auch, die individuelle

Vorstellung seines Traumpartners. Der Partner, der dieser Vorstellung nahe oder nahe genug kommt, hat eine echte Chance.
Wie sieht der Traumpartner aus?
Wie verhält er sich?
Welche Eigenschaften soll er besitzen?
Soll er bescheiden, aufschneiderisch, zurückhaltend oder hyperaktiv sein?
Diese Fragen, und noch Tausende mehr, gäbe es zu beantworten. Ich garantiere Ihnen, liebe Damen, dass diese Fragen, dieses Einblicken in die Gedanken des anderen Geschlechts, bei Männern sehr viel schwieriger ist als bei den Frauen. Wie immer Sie meine Aussage werten, was immer Sie nun von mir denken. Meine Gespräche mit Hunderten von Singlefrauen in der Vorbereitungsphase dieses Buches haben mir eindeutig gezeigt:
Die Wunschträume einer Frau, die Identifizierung des Traumpartners, ist bei Frauen sehr viel einfacher als bei Männern. Frauen denken hier sehr ähnlich, sehr einseitig, während Männer hier so unterschiedliche Auffassungen vertreten, dass man mit Erfolgsrezepten sehr viel schwieriger hantieren kann!

Sicherlich gibt es jedoch auch bei den Männern Grundvorstellungen, deren Kenntnisse sehr hilfreich sind. Und diese sind von deren Frauengedanken grundverschieden. Daher war es keine optimale Lösung für eine Frau, mein Buch „Hasenjagd – Frauen manipulieren und verführen“, das Männer zur Verführung verhilft, zu kaufen. Ich wunderte mich, wie viele Frauen es gab und gibt, die dies versuchten und noch immer versuchen. So gesehen war das Schreiben dieses Buches aus finanzieller Sicht nicht rentabel – habe ich doch onehin auch die Frauenwelt bedient – doch es kommt mir darauf an, dass Sie wirklich erfolgreich werden. Und daher ist dieses Buch optimal auf die Verführung der Männer zugeschnitten!

12.1.3 Haben, was andere gerne hätten

Sehen Sie es als unlogisch an, als kindlich, als unvernünftig, aber es ist so:

- Männer möchten eine Frau haben, die andere gerne als Partnerin gewinnen würden!

- Männer möchten beneidet werden um Ihre Eroberung. Fühlen sich geschmeichelt, wenn Sie spüren, dass die Partnerin ein begehrtes Wesen ist.

- Sehr oft werden Freunde gefragt, was denn von dieser oder jener Frau zu halten wäre. Sind die Reaktionen positiv, steigt das männliche Verlangen, diese interessante Frau als eigenes „Spielzeug“ zu erobern und sich außerdem ein wenig Neid der Männerwelt zu sichern.

- Viele Männer betrachten eine Frau, so seltsam und abstrus es klingen mag, ein wenig als Pokal für eigene Leistungen.

- Bestimmte Männer wissen nichts von Liebe

- Viele Männer glauben, sie müssen eine hübsche, erregende, begehrenswerte Frau verführen und die Zuneigung ergibt sich dann von selbst.

Aus diesen, zugegeben etwas seltsamen Tatsachen heraus, kann jede Frau die Männer so gezielt manipulieren, dass es eine Kleinigkeit ist, die Herren der Schöpfung bzw. deren Elite, den Traumtypen, zu verführen.

12.1.4 Erwartungen mit Leben füllen

Sie werden seinen Wünschen entsprechen.
Sie sind so, wie es ihm gefällt. Sie sind optimal – es passt einfach.
Diesen Eindruck werden Sie erwecken, ob es stimmt oder nicht. In Wahrheit sind Sie eine kluge Spielerin. Eine geschickte Führer- und Verführerin, eine Frau, welche die zahlreichen Schwächen der Männer zu Ihrem Vorteil ausnutzt.

12.1.5 Smalltalk

Drehen wir die Uhr zurück. Wir hatten erreicht, dass Sie mit Ihrem Opfer ein wenig Zeit verbringen. Entweder, wie in unserem Beispiel, haben Sie die Initiative ergriffen, einen Mann unbefangen anzusprechen, oder es hat sich wie von selbst eine Situation ergeben, dass Sie

mit dem Typen, der Ihre Sinne verwirrt, in eine Phase des Smalltalks gelangen. Beginnen Sie mit unwichtigem und agieren Sie humorvoll. Bei jedem Gespräch, sei es beruflich, privat oder mit eindeutigen Flirtabsichten, gilt es sofort als ein unabdingbares Muss, dass sich der Gesprächspartner wohlfühlt. Flechten Sie Fragen dazwischen, um möglichst viel über „Ihn“ zu erfahren. Aber Achtung:
Fragen führen unweigerlich zu Gegenfragen!

Smalltalk. Was ist das überhaupt?
Dies ist nicht explizit definiert. Es ist im Idealfall ein unwichtiges, humorvolles, lockeres Gespräch. Hier ein paar spezifische Bemerkungen, die aktiven Smalltalk auszeichnen:
„Mit den Sportschuhen kannst Du sicher meilenweit vor den Frauen weglaufen.“ „Wieso glaubst Du, dass ich vor den Frauen Angst habe?“. „Nein“, erwidern Sie. “Ich wollte eigentlich nur sagen, dass Du auf mich einen sportlichen Eindruck machst.“

Mit solchen Worten und neuen, leichten Komplimenten bringen Sie den Smalltalk in Gang und hören die Resonanz. Hören - nicht dazwischenreden. In jedem Fall den Augenkontakt unbefangen halten. Die Antworten werden teilweise Informationen preisgeben, die Sie verwenden können.
Sobald ihr Redefluss stockt, werden Sie aktiv. Sie fragen hintergründig:
„Wo wolltest Du den grade hin?“. Es wird etwa folgende Antwort zu erwarten sein: „Nach Hause. Komm grade

von der Arbeit, hier gleich um die Ecke. Ich bin seit 3 Jahren Geschäftsführer bei Firma Bauerbach“. Potzblitz! Aus einer offenen Frage ist eine Fülle von verwertbaren Informationen geworden. Das ist die Technik, die Sie zum Erfolg bringt. Warum sollten Sie nicht gleich fragen, wo er arbeitet, wenn Sie es doch wissen möchten?

Ganz einfach: Menschen neigen stark dazu, eine identische Gegenfrage zu stellen. Speziell in der Situation des Flirttalks. Sie müssen nun also damit rechnen ein „Und wo wolltest Du grade hin?“ zu erhalten.

Hätten Sie nach der Arbeitsstelle gefragt, wären Sie nun in der Pflicht des Antwortens. Warum möchten Sie das nicht? Die berufliche Tätigkeit ist im Unterbewusstsein der Frau eines der wichtigsten Merkmale eines Mannes. Aber auch für Männer ist der Beruf der Frau wichtig. Die Gründe hierfür sind jedoch weniger der Status, mehr die Erkennung des Frauentyps wirkt als vordergründiger Wunsch. Je mehr Infos Sie daher vorab erhalten, desto treffsicherer ist diese Frage in Folge zu beantworten. Und es soll keinesfalls der Eindruck entstehen, als würden Sie auf das Thema „Beruf“ ansprechen. Sofern der Typ es möchte, dass der Smalltalk in ein richtiges, tiefergehendes Gespräch übergeht, blocken Sie dies keinesfalls ab, sondern Verhalten sich entsprechend. Anpassungsfähigkeit ist hier gefragt!

Während er spricht, nicken Sie gelegentlich leicht, was Übereinstimmung und Verständnis signalisiert. Geht es um ein Problem, egal wie wichtig, zeigen Sie Anteil daran. Nichts ist für einen Menschen wichtiger, als ernst genommen zu werden. Hüten Sie sich in solchen Momenten vor lockeren Sprüchen. Die ideale Frau versteht es, humorvoll, verständnisvoll, verführerisch, intelligent und situationsbezogen ernst zu sein. Ja, eine Menge differenter Forderungen aus der Männerwelt!

Vermeiden Sie es dringend, ständig Sprichwörter zu benutzen. Bemerkungen wie: „Man muss die Feste feiern, wie sie fallen“ oder „Wer andern eine Grube gräbt, fällt selbst hinein!“, wirken fantasielos, veraltet und überflüssig. Ganz schlimm, ja sogar lächerlich wird es, wenn Sie die Sprichwörter falsch oder verdreht wiedergeben. Sprechen Sie also individuell, denn nicht die Einheitsperson wird begehrt, sondern die besondere Frau, welche sich sympathisch und einfühlsam zeigen kann.

12.2 Kartenhaus aufbauen

Kartenhäuser, hier vergleichsweise erwähnt, haben die Eigenschaft, einzustürzen. Wann stürzt ein sorgsam aufgebautes Kartenhaus ein?
Wenn es zu hoch gebaut ist oder zu lange steht.
Dieser Fehler wird Ihnen nicht unterlaufen. Aber ein Kartenhaus zu bauen ist für den Soforterfolg zwar nicht immer notwendig, aber für höchste Treffsicherheit und insbesondere für die „ungeübte Verführerin“ sehr hilfreich.
Im Laufe des Gesprächs werden Sie Informationen sammeln, hören, was er gut findet und folgern, was er

von einer Frau erwartet. Und diese Frau sind Sie!
Legen Sie sich Antworten zurecht. Ob wahr oder nicht. Nachdem Sie in etwa abschätzen können, was für ein Typ er ist, was bei ihm ankommt, fällt es Ihnen leicht, sich als den Menschen zu präsentieren, der ihn verführen und für sich gewinnen wird.

13.0 Strategien für bestimmte Zeitebenen

Ich hatte bereits die unterschiedlichen Zeitfaktoren erwähnt. Jetzt, an dieser Stelle des Verführungsablaufs, haben Sie schon den ersten Kontakt hergestellt. Bevor Sie nun wenig effektiv weiterreden und handeln, müssen Sie sich darüber klar werden, was es eigentlich ist, was Sie gerade beginnen.
Ein Traum für eine Nacht?
Eine Beziehung auf Zeit oder für nebenbei?
Oder eine Liebe für länger?
In den vielen Gesprächen mit Frauen konnte ich überrascht feststellen, dass auch Frauen zunehmend an einem Abenteuer interessiert sind, wenn es sich um einen Traumtypen handelt, der ihre Gefühle bewegt. Bei Männern sind die Grenzen nicht so eng gesteckt. Auch gefühlsmäßig sind Männer oberflächlicher. Somit ist es für eine Frau immer relativ einfach, einen Mann in ihr Bett zu bekommen. Davon handelt dieses Buch aber nicht. Es geht erstens darum, nicht als „leichtes Mädchen“ aufzufallen, zum zweiten um die Erfüllung der Vision, genau den Typen rumzukriegen, der all Ihre Gefühle bewegt. Den Traummann, der Sie sonst

wahrscheinlich niemals in Ihrem Leben angesprochen hätte, weil der Zufall Sie nicht zusammenbrachte.

13.1 Kurzfristige Affäre

Die Manipulation eines Mannes, den Sie nur kurzfristig oder gar als One-Night-Stand erobern möchten, ist einfacher als jede andere Beziehungsebene. Sie haben alle Handlungsfreiheiten, welche auch immer. Sie können, Sie müssen ihn sogar manipulieren, können Unwahrheiten sagen, beeinflussen, taktieren, entwaffnen und verführen. Alle nachfolgenden Verhaltensregeln sind ausschließlich für kurzfristige Abenteuer bestimmt.

13.1.2 Beruf

Achten Sie darauf, falls Sie an Ihrem Beruf herumschwindeln, dass „Ihr Boy“ beruflich aus einer anderen Sparte kommt als Sie. Es betrifft Ihren eigenen oder einen anderen Beruf, den Sie vorgeben. Sind Sie enttäuscht?
Ich verlange von Ihnen, dass Sie lügen?
Ja, falls es hilfreich und notwendig ist.
Sicher wissen Sie in diversen Businessbereichen bestens Bescheid, sodass es leicht ist, etwas zu erzählen. Im Smalltalk herausfinden, was für einen Typ Frau er bevorzugt. Meist verlangen die Männer nach keiner Karrierefrau. Es ist eventuell gar nicht nötig, zu schwindeln. Genau das sollten Sie herausfinden. Ist es

nötig, warum nicht? Bekommt er, was er erwartet, haben Sie ein leichtes Spiel. Geben Sie dem Blinden doch sein Spielzeug!

13.1.3 Angeber – Nein danke!

Angeber sind und bleiben unbeliebt. Doch sind Sie nicht eine Angeberin, wenn Sie sogar schwindeln?
Ja, sicher. Und Männer sind seltsame Wesen. Sie lieben Frauen, die Ihren Visionen entsprechen. Die kluge Frau sieht jede Reaktion des Mannes. Sie testet, wie sie geht, sitzt und in seine Augen blickt.

13.1.4 Tiefstapeln

Stapeln Sie tief, was andere hochstapeln. Lassen Sie die Neugierde in „Ihm" sprudeln. Alle Dinge, die Sie im Sinne der Manipulation ins Feld führen, müssen „zufällig" zur Sprache kommen. Die Männergedanken werden Kreisen wie ein Turbine. Die Frage nach Ihrer beruflichen Tätigkeit wird kommen, und falls Sie schwindeln möchten oder einen Traumberuf haben, dann erwähnen Sie kurz diesen Beruf, der sicher wie eine Bombe einschlägt und sein Interesse weckt. Mehr nicht. Es ist unerheblich, ob Sie einen konkret anderen Beruf angeben oder Ihr tatsächliches Berufsbild ein wenig permutieren. Sicher sind die Männer verschieden orientiert, aber folgende Berufe haben sich bestens bewährt:

- Modell in der Modebranche
- Leiterin einer Modellagentur
- Buchautorin
- Unternehmerin in der Kosmetikbranche
- Designerin
- Unternehmensberaterin

Und vieles ähnliche mehr. Nachfolgende Berufe sind mit Vorsicht zu genießen. Die Befragungen haben ergeben, das Karrieremänner diese Frauen oft super fanden, andere, beruflich weniger erfolgreiche Männer aber ein Problem mit ihrem eigenen Selbstbewusstsein bekommen, da diesen Berufen ein hoher Intelligenzgrad zugeschrieben wird:

- Ärztin
- Professorin an der Universität
- Hotelinhaberin
- Managerin im Auslandsbereich
- Fondsmanagerin
- Leiterin einer Investmentbank

Ganz schlecht kommt bei Männern der Beruf der Heiratsvermittlerin an. Warum das so ist, konnte ich nicht ergründen.
Sofern Sie in der glücklichen Lage sind, tatsächlich einen Topberuf zu haben, müssen Sie einmal weniger lügen. Im Prinzip ist es für einen „One-Night-Stand" aber egal, was Sie wirklich sind. Wichtig ist es, keinesfalls (direkt) zu prahlen. Im Gegenteil. Vielleicht kommt darauf eine Antwort wie:
„Oh, Fotomodell. Sieh mal einer an!"
„Das ist heute wirklich nichts besonderes", wäre eine passende Antwort. Kommt keine Reaktion, versuchen Sie schnell von diesem Thema wegzukommen. Sicher wissen Sie viel über den Beruf zu erzählen, ob Sie nun Modell sind oder nicht. Er wird, das garantiere ich Ihnen, sehr bald nochmals zur Sprache kommen. Wichtig ist aber, dass Sie Ihren Beruf scheinbar für unwichtig halten. Er ist nur ein nebensächlicher Teil einer echten Klassefrau. Möchte Ihr Opfer aber schließlich mehr darüber erfahren, sollten und möchten Sie auch mehr erzählen. Solche Forderungen sind Ihre Spezialität! Sachlich interessantes wird schlicht erzählt. Erzählen Sie ihm dann von der nächsten Modemesse, die gerade vorbereitet wird. Oder von den schicken, teuren Designerfummeln, die Sie immer an Ihrem Körper tragen. Sprechen Sie kompetent und brechen Sie dann irgendwann einfach ab mit den Worten:
„Na, aber ich denke, ich langweile Sie doch nur mit dem unwichtigen Gefasel." „Aber nein, es interessiert mich wirklich", gibt Ihnen Bestätigung und Gelegenheit, nochmals Berufsmärchen zu erzählen. Wow!

Die Manipulation schreitet mit großen Schritten voran. Ein Grundprinzip beim Verführen zu kurzen Abenteuern:

Erkennen Sie, was er gerne sehen und hören möchte und ermöglichen Sie das glaubwürdig!

13.1.5 Begehrte Persönlichkeit

Ich hatte es schon erwähnt. Männer begehren immer die Frauen, die auch andere gerne hätten. Andererseits werden sie nervös, sobald ein Nebenbuhler aktiv wird und reagieren nicht selten verärgert. Ja, so sind sie, die Männer, wenn es auch etwas sonderbar klingt.

Eine Frau, die also begehrt wird, aber nur ihm gehört, ist der schönste Pokal, den ein Mann sich vorstellen kann.
Das ist ihm wichtig, sehr sogar.

Was aber, wenn kein anderer passabler Mann im Umkreis von 1000 Kilometern derzeit an Ihnen interessiert ist? Dann werden Sie das eben suggerieren!
Ein wenig davon können Sie im Talk anklingen lassen. Mal mit dem Handy in der Hand von der Toilette zurück kommen, wirkt oft Wunder.
Verstehen Sie das Prinzip? Die Botschaft, Sie sind ein begehrtes Wesen und nehmen sich Zeit für ihn – den Mann der Ihnen sympathisch ist – macht Sie interessant für ihn.
Erwähnen Sie nebensächlich eine beliebte, bekannte

Persönlichkeit. Eine männliche Person natürlich. Produzieren Sie den Bekanntheitsgrad auf sich, indem Sie erzählen, Sie hätten geschäftlich mit dieser Person so am Rande zu tun gehabt und Sie hätten sich auf Anhieb bestens verstanden.

13.1.6 Kommunikation als Manipulation

Früher konnte man mit einem Handy schon großen Eindruck machen, sobald es klingelte. Heute ist dies nicht mehr so einfach. Auf Umwegen kann das Handy aber auch heute noch zum Zwecke der Manipulation dienen.

Entweder Sie beauftragen eine Freundin Ihr Handy anzurufen oder lösen das Problem mit einem Trick. Aktivieren Sie die Mailbox, sprechen Sie also eine Mitteilung auf Ihr eigenes Handy auf. Dann schalten Sie es ab. Im richtigen Moment schalten Sie es unbemerkt ein. Bald wird der Operator anrufen, was in Zyklen von 30 Minuten geschieht. Die Sprachausgabe möchte Ihnen mitteilen, dass es neue Nachrichten für Sie gibt. Dieses Klingeln ist Ihr Startsignal. Jetzt telefonieren Sie scheinbar und benutzen einen simulierten, passenden Gesprächsablauf. Dieser könnte etwa wie folgt aussehen:

„Ja, hallo.“ Pause. „Ach, Peter! Hab gerade nicht viel Zeit zum telefonieren.“ Pause. „Nein, weiß nicht, ob ich morgen Zeit habe, mit Dir essen zu gehen.“ Pause. „Klar macht es mir Spaß, vielleicht ein andermal“

Pause. „Ja, ich melde mich bei Dir, ich weiß Deine nette Unterhaltung zu schätzen“ Pause. „Ja wegen der beruflichen Sache kannst Du mich jedenfalls Montag anrufen. Ist doch klasse, logisch.“ Pause. „Auch danke und mach's gut dann, tschüss ...“

Sie sagen im ersten Moment nach dem (fingierten) Gespräch nichts. Kommt eine Meldung des Typs, winken Sie kurz ab und sagen: „War nicht so wichtig“. Falls keine Meldung kommt, erwähnen Sie auch nichts. Alles muss ohne Ihr Zutun wirken. Was wird der Mann jetzt denken?

„Tja, wirklich eine Klassefrau. Ich muss mich ranhalten, die ist begehrt. Ich bin Ihr aber scheinbar nicht gerade unwichtig ...“

Diese Methoden sind starke Geschütze, die Sie da aufgefahren haben. Angriff pur. Kann Ihr Opfer noch entkommen? Schwer, nur wenn Sie in Folge noch gravierende Fehler machen.

13.1.7 Wirbelwind

Ich weiß nicht, wie viel Zeit Sie noch mit Ihrem Boy verbringen müssen oder möchten, bevor Sie ans Ziel gelangen. In jedem Fall sind Leerlaufphasen dringend zu vermeiden. Nehmen wir an, Sie lernen Ihren Typen tagsüber kennen und möchten die Nacht mit ihm verbringen, was er jetzt noch nicht zu wissen braucht. Es

gilt dann, die Zeit dazwischen wirklich ausfüllend zu erleben. Sich mit der Frage abzuquälen, was man denn heute so machen könnte, ist Gift für die junge Affäre. Seien Sie ein Wirbelwind. Voller Humor und Freude!
Brauchen Sie etwas Pause, ist sogar das ansonsten zur Kommunikation nutzlose Kino geeignet.

Vergessen Sie im Verlauf des Beisammenseins die Manipulation nicht. Erkennen Sie, was er gerne hört, welche Meinung er vertritt und greifen Sie diese Zielrichtungen jeweils nach einer Pause wieder auf. Versuchen Sie die Frau seiner Träume zu sein, der ihr Leben zur Explosion bringt!

13.1.8 Ihr Ziel kommt näher

Rekapitulieren wir kurz. Sie haben einen sehr begehrenswerten Mann angesprochen, ihn eingewickelt, die Superfrau (soweit gewünscht) gespielt und seine Bewunderung bewirkt. Was jetzt? Reicht das schon wirklich, um ihn zu verführen? Sofort, also am ersten Tag oder Abend? Ist er überhaupt genug interessiert?

13.1.9 Gute Vorsätze der Frauen

Nicht wenige Frauen haben es sich zur Regel erklärt, nicht am ersten Abend im Bett zu landen. Dies ist so eine Art Selbstschutz gegen Aufreißertypen!
Bei diesem Mann ist jedoch Geduld nicht Ihre Tugend,

daher möchten Sie nicht warten.
Diverse Befragungen von Frauen und Ihren Affären, auch zu den Recherchen dieses Buches, führten immer wieder zu den selben Antworten:

- Ich versuche, durch geschickte Fragestellung zu ergründen, ob er dazu bereit ist.
- Ich warte, wie es sich entwickelt.
- Ich blicke ihm so lange verliebt in die Augen, bis er umfällt.
- Es kann nicht schaden, ein paar Tage zu warten.
- Ich versuche, eine erotische Atmosphäre zu erzeugen und herauszufinden, ob Hemmungen vorhanden sind.

Das ist alles nicht nötig, sage ich Ihnen. Egal, ob Hemmschwellen vorhanden sind oder nicht, versuchen Sie gar nicht erst, dies herauszufinden. Wenden Sie die Methoden der Manipulation an, solche abzubauen. Damit gehen Sie auf „Nummer Sicher“ und erreichen Ihr Ziel sofort! Die Männer selbst haben in dieser Hinsicht kaum Hemmschwellen. Ihr Zögern, falls es ein solches gibt, erklärt sich dadurch, dass kluge Männer wissen, welche Vorsätze viele Frauen haben. Und daher möchten Sie ein Risiko vermeiden, die Frau dann nicht „übergehen“ und so eine Abfuhr erleiden.

13.1.10 Hemmschwellen abbauen

Das Durchbrechen von Vorsätzen und Hemmschwellen geschieht durch diverse Bemerkungen. Um nicht, wie schon oft in diesem Buch erwähnt, aggressiv zu wirken, ist hier ein Trick die Lösung aller Unklarheiten. Bringen Sie überdeutlich zum Ausdruck, dass er etwas ganz Besonderes ist! Sie wissen nicht warum, aber Sie fühlen sich so glücklich in seiner Nähe! Keine Angst, das ist nicht zu dick aufgetragen. Durch die Regeln der Manipulation befindet er sich längst in derselben Phase. Er weiß genau, dass er Sie möchte und ist froh, Klarheit in die Situation und Ihre Erwartungen zu bringen. Sprechen Sie positiv von ihm. Geben Sie ihm zu verstehen, dass er in Ihren Augen eine moderner, aktiver Mann ist.

Wenn Sie glauben, so eine Masche funktioniert nicht, werden Sie bald erkennen, dass diese nahezu 100 % Erfolgsquote aufweisen kann. Wie alle strukturierten Manipulationsmethoden beruht auch diese auf der Tatsache, die strukturellen Gedankenmuster des Gegners durch geschickte Reize vorhersehbar auszulösen.

Sie sind am Ziel. Sie müssen nichts weiter tun als zeigen, dass Sie noch Zeit für ihn haben. Sie werden Ihren Traumtypen umarmen, ihn verführen und er wird denken, er habe Sie verführt.
Am ersten Tag, wie Sie es von Anfang an erhofft hatten!
Das ist Balsam für sein Ego.
Da es nur als ein kurzfristiges Abenteuer geplant war,

konnten Sie mit allen Mitteln der Manipulation arbeiten. Sie konnten die Dinge lenken, wie Sie zwangsläufig zum Erfolg führen.

13.1.11 Ende oder Reservestellung

Vielleicht war nur das erotische Erlebnis „Ihr Kick“ und danach das Ende. Vielleicht sind Sie gar verheiratet oder ein überzeugter Single. Sollten Sie aber dennoch das Erlebte öfter wiederholen möchten, ist dies sicher kein Problem. Ihr Kartenhaus, nicht zu hoch und stabil gebaut, wird nicht einstürzen. Sie dürfen die Beziehung nur nicht vertiefen.
Hierbei helfen eine ganze Reihe von Tricks. Geben Sie ihm lediglich eine Handynummer. Da Handykarten mit neuer Nummer ohne Grundgebühr billig zu erhalten sind, haben kluge Mädchen oft mehrere (oder viele) davon oder sogar mehrere Handys. So werden Sie irgendwann nicht mehr erreicht, wenn die Endzeit gekommen ist. Verabreden Sie sich gelegentlich und gehen Sie Ihren Visionen und Wünschen nach. Sie werden sehen, alles läuft wie von selbst. Spielen Sie die freiheitsliebende Traumfrau, die eben nicht so schnell enger in die Privatsphäre eintauchen kann. Zerstören Sie aber auch die Hoffnung darauf nicht! Die Männer sind oft wesentlich anhänglicher als die Frauen denken.
Manche Frauen verstehen es hervorragend, den Mann als Spielball zu verwenden, ihn zur Marionette zu erziehen. Jeder einzelne hat andere Gründe, dies zumindest vorübergehend geschehen zu lassen:

- Er hofft auf eine spätere, gemeinsame Zukunft.
- Er genießt den Augenblick und verwendet die restliche Zeit für sein aktives Leben.
- Er ist froh, so eine rundum Klassefrau erobert zu haben. Das reicht ihm.
- Er ist sicher, dass Sie verliebt sind.
- Er glaubt leeren Versprechungen, weil er es glauben möchten.
- Er denkt sich nichts dabei und benutzt die Frauen ebenso. Vielleicht sind Sie nicht die einzige Frau.

Sie und ich wissen, dass nur eine Affäre geplant war. Es ist aber nicht nötig, dass weitere Personen davon Kenntnis erlangen. Mit diesem Geheimnis schaffen Sie sich die Abenteuer, die Ihr Leben verändern werden. Mehr und mehr Frauen handeln nach diesen Mustern. Obwohl ich ständig das Leben der Menschen analysiere, die Fakten in meinen Erfolgsseminaren verwende, war ich bei den Recherchen zu diesem Buch erstaunt, dass es in den letzten Jahren mehr und mehr Frauen gibt, die nach einem zeitbegrenzten Abenteuer suchen.
Erstaunlich wenig Männer wissen dies!
In der Männerwelt hängt immer noch das „Bild" der braven Frau. Lassen wir es hängen, solange es noch möglich ist ...

13.2 Mittelfristige Beziehung

Unter mittelfristig verstehe ich eine Beziehung, die oberflächlich bereits in die Privatsphäre und den Tagesablauf eingreifen darf. Von Ihrer Seite her, sonst würden Sie nicht an „mittelfristig" denken, gibt es von vornherein eine zeitlich ungefähr festgelegte Grenze. In diesem Fall behalten beide Betroffenen die eigene Wohngelegenheit, einen eigenen Freundeskreis, eigene Entscheidungsfreiheit in allen Fragen und eigene Zukunftspläne. Dies heißt aber nicht, dass Sie, sofern es erwartet wird, gelegentlich (einen Keim) Hoffnung auf Späteres streuen dürfen oder müssen, um die Beziehung über den von Ihnen gewünschten Zeitraum aufrecht zu erhalten. Sie sollten dabei nicht zu langfristig denken.
Die Vorgehensweise der Verführung kann nicht kongruent mit der Methode für kurzfristige Affären ablaufen. Das genannte Kartenhaus könnte, für diese Strategie zu hoch gebaut sein und einstürzen, bevor Sie sich „männlich" wieder verändern möchten. Nehmen wir an, Sie hatten die Geschichte Ihres Berufs erzählt und es stellt sich heraus, dass Sie einen ganz anderen, minderwertigen Beruf haben!
Dies wäre eine peinliche Situation, die ich Ihnen ersparen möchte. Das wird Ihnen nicht passieren, wenn Sie entsprechend agieren. Für Frauen, die künftig die Powerregeln dieses Buches nur für Ihren Traummann erlernen und diesen auch ein Leben lang festhalten möchten, gelten andere Regeln. Schwindeln ist hier gefährlich, denn irgendwann verdichtet sich die Beziehung und Sie wirken unglaubwürdig. Das bedeutet

aber nicht, dass Sie nicht manipulieren dürfen. Erwecken von Wünschen, Permutieren von Tatsachen, erfinden von nicht nachweisbaren Vorgängen aus der angeblichen Vergangenheit, sei auch hier erlaubt. Es gilt also, die nachfolgenden, mittelfristigen Methoden entsprechend zu entschärfen.

13.2.1 Beruf

Sie haben einen „prestigeträchtigen Beruf"?
Dann würde ich die Wahrheit wählen. Über mehrere Wochen hinweg zu taktieren lohnt nur, wenn Ihr Job nicht so das ist, was „Mann" sich vorstellt. Männer sind bekanntlich nicht so anspruchsvoll, wie es Frauen hinsichtlich des Männerberufs sind.
Sofern keine Gefahr besteht, dass Bekannte Ihres Typen näheres über Sie und Ihren Beruf wissen, kann auch bei der mittelfristigen Beziehung ein Pseudoberuf gewählt werden. In diesem Fall gelten analog die selben Tricks wie bei der kurzen Verführung.

13.2.2 Schwindeln ohne Anzugeben

Auch bei einer Vorbereitung auf eine wochenlange Affäre sollten Sie ein wenig schwindeln. Angeber sind und bleiben unbeliebt. Deshalb müssen Sie wieder unbemerkt glänzen. Die kluge Frau hat viele Asse im Ärmel, die sie nach belieben ausspielen kann. In solchen Dingen sind die Frauen den Männer deutlich überlegen.

13.2.3 Die Verführung

Sie allein werden entscheiden, ob es Ihnen wichtig erscheint, sofort am ersten Tag sexuelle Wunschträume auszuleben. Prinzipiell wäre es bei dieser mittelfristigen Strategie nicht notwendig. Doch wie ich erfahren konnte, „sterben“ einige Frauen, wenn es nicht passiert. Ich möchte daran keine Schuld haben. Sofern es also passieren soll, sind auch hier die Manipulationen zum Abbau der Barrieren anzuwenden, um nicht als eine Sexbombe aufzufallen oder gar die Beziehung zum Scheitern zu bringen, sofern es sich um ein schüchternes Exemplar handelt.

13.2.4 Gemeinsame Zeit

Sorgen Sie dafür, dass die Regeln der mittelfristigen Beziehung nicht verletzt werden. Wie Sie festgelegt hatten, ist es Ihr Ziel, für einige Wochen einen Partner zu genießen, ohne sich intensiv und lange zu binden. Deshalb sehen Sie sich vor. Viele Männer verstehen es allgemein sehr gut, Beziehungen schrittweise zu intensivieren und Ihr Vorhaben zu verwässern. Halten Sie Distanz. Vermeiden Sie Überschneidungen Ihrer Lebensbereiche. Dies schafft Verstrickungen, die später wieder entwirrt werden müssen. Zu gerne planen Männer die Frauen in Ihren Haushalt ein. Zu bequem ist die kostenlose Putzfrau, Köchin und Hausdame. Für die Frau wiederum ist es dann schwer, die verführerische, feminine Person und Putzfrau gleichzeitig darzustellen.

Dies sind die Manipulationsarten der Männer, die Sie kennen sollten. Lassen Sie in keiner Weise zu, dass Sie beeinflusst werden. Der Manipulant sind Sie! Halten Sie den nötigen Abstand, der wichtig ist, die Beziehung am Tag Ihrer Wahl beenden zu können.
Kümmern Sie sich um den Mann und nicht um seinen Haushalt.

13.2.5 Wochenlange Freude

Nur Sie und ich wissen, dass diese Beziehung für schöne Wochen und nicht für ein „Leben zu Zweit" gedacht war. Daher setzen Sie alles daran, dass das auch so bleibt. Erzählen Sie auch Freunden nicht davon. In deren Augen, je nach Sichtweise, wird Ihr Verhalten vielleicht nicht akzeptiert. Solche Gedanken passen nach derzeitigem Weltbild noch nicht zu einer Frau. Warum sollten Sie unnötig Freundschaften belasten?

Vertrauen Sie niemals darauf, dass Freunde und Bekannte interessante Dinge für sich behalten können. Niemals! Es wird vorsichtig, oft auch verfälscht, zugespitzt oder entschärft, komplett oder teilweise, weitererzählt. Denken Sie an Ihre eigene Vergangenheit. Haben Sie nicht auch schon Dinge weitererzählt, von denen Sie im nachhinein der Meinung waren, es wären eigentlich Privatsachen gewesen? Ungeeignet für die Verbreitung über das schnelle Medium „Mensch"? Haben Sie nicht auch schon Dinge ein wenig verschärft weitererzählt, damit sich andere mehr dafür interessieren?

13.2.6 Männergedanken

Wird sich der Mann wochenlang so verhalten, wie Sie es gerne hätten? Ja, er wird es bestimmt!
Wie erwähnt, besteht die Gefahr, dass Sie mehr und mehr in Gemeinsamkeiten verstrickt werden. Die Gedanken der Männer kreisen wie folgt:

- Warum kenne ich Ihren Freundeskreis nicht?
- Warum übernachtet sie nicht öfter bei mir?
- Das bequemste wäre, wenn sie hier einziehen würde.
- Mal sehen, wann sie mich ihren Eltern vorstellt.
- Ein gemeinsamer Urlaub bringt uns näher zusammen.
- Ob ich ihr einen Ring schenke?
- Warum spricht sie nicht über eine gemeinsame Wohnung?
- Wäre gut, wenn ich nicht immer die Wäsche zu meiner Mutter schleppen müsste.
- Liebt sie mich überhaupt?

- Ob ich sie zur Rede stellen soll?

Je besser Sie in der Zeit der Affäre taktieren, umso williger wird Ihnen der Mann zur Verfügung stehen.

Mehr als bei Männern regieren bei den Frauen die Gedanken der Wünsche, Vorstellungen und eventueller Wahrscheinlichkeiten. Aus diesem Grund ist es einer Frau auch möglich, stundenlang mit einer Freundin über Männer zu sprechen. Männer sind mehr von nüchternen Fakten gelenkt. Also erwarten Sie, dass er sehr praktisch über sein Leben (und seine Vorteile) nachdenkt.

14.0 Intimes

Die eigentliche Verführung ist es Wert, hier näher beschrieben zu werden. Sie haben erfahren, wie Sie an Ihr Ziel gelangen. Wie Sie dieses Ziel, den Sex mit dem Mann Ihrer derzeitigen Wahl, effektiv und für beide Partner erfreulich gestalten, soll nicht unerwähnt bleiben. Dies ist kein Sexual- und kein Aufklärungsbuch. Daher finden Sie auch keine Beschreibungen zum sexuellen Ablauf.

14.1 Loslassen

Alle Schranken, Hemmungen, Vorurteile und Regeln brechen und nur an den Augenblick zu denken, ist zweifellos der Schlüssel zu einem nachhaltigen Erlebnis.

Da sich alles im Kopf abspielt, bringt es nichts, bloße Ratschläge zu geben wie: „Machen Sie leise Musik und gedämpfte Beleuchtung." Es muss eben alles passen, nicht nur das Ambiente. Auch für diese Dinge sind Frauen besser geeignet. Sie haben einen hören EQ! Diese überlegene emotionale Intelligenz macht Sie einfühlsamer und somit empfindlicher für alle sinnlichen Reize.
Aber aufgepasst:
Genau aus diesem Grund werfen Frauen auch gerne alle Ihre Pläne über Bord und wechseln Ihre Strategien gemäß Ihren Gefühlen!
Bleiben wir bei den Vorteilen Ihres EQ.
Erklären Sie ihm, dass Sie nicht wissen, was mit Ihnen geschehen ist. Sie fühlen sich so sehr wohl in seiner Nähe und es kommt Ihnen vor, als würden Sie mit einer unerklärlichen Kraft zu ihm hingezogen.
Ich brauche Ihnen nicht weiter erläutern, wie sich eine vertrauensvolle Atmosphäre aufbauen lässt. Sie sind eine Frau. Lassen Sie Wärme und Nähe spüren. Ein Mann benötigt weniger Einfühlung als eine Frau. Sie wissen daher selbst, was richtig ist. Dieses gefühlsorientierte Handeln wird Ihnen später einen Mann schenken, der nichts lieber will als Sex – nur mit Ihnen!

Genießen Sie endlich das, was Sie vermisst haben und Sie zu dem Erwerb des Buches veranlasst hatte. Ärgern Sie sich nicht über bisher verpasste Chancen. Loten Sie weitere Möglichkeiten aus, die Ihr Leben positiv bereichern. Blicken Sie nicht zurück, sondern nach vorn, was das Leben Ihnen noch bietet.

15.0 Freundinnen

Agiere ich allein oder mit einer Freundin? Ich weiß, dass Frauen im allgemeinen mit mindestens einer Freundin unterwegs sind. Bezüglich der Erfolgsmöglichkeiten ist eine Freundin eher hinderlich. Stellen Sie einen Kontakt her, sind Sie aus Anstand gezwungen, sich um Ihre Freundin und Ihren Traumtyp gleichzeitig zu kümmern. Männer, die aus der pubertären Phase raus sind, kennen dieses Taktgefühl übrigens nicht. Sind zwei Männer unterwegs und ergibt sich ein Kontakt mit einer begehrenswerten Frau, verhält sich der Freund tolerant und schraubt seinen Besitzanspruch zurück.
In Lokalen hat sich bei den Frauen die Methode bewährt, sich immer wieder von der Freundin zu trennen, Kontakt zu einzelnen Personen herzustellen, um die Bereitschaft zur Kommunikation zu signalisieren. Scheuen Sie sich umgekehrt nicht, einen Mann gezielt in der Gruppe anzusprechen.

16.0 Die kleinen Tricks der Frauen

Frauen verstehen es hervorragend, Chancen zu nutzen und scheinbare Nachteile in Vorteile zu transformieren. Wer die Eigenarten der Männer kennt, kann sich, besonders bei den in diesem Buch vorrangig behandelten Abenteuern, kurzzeitig darauf einstellen. Auch dies ist nichts weiter als Manipulation.

16.1 Dependenz

Obgleich das andere Geschlecht für jeden Mann einen sehr wichtigen Lebensinhalt darstellt und die Frau auch respektiert, würde er sich eine gewisse Dependenz wünschen. Die moderne Frau jedoch, möchte sich mit dieser Vorstellung aus verständlichen Gründen nicht anfreunden. Es empfiehlt sich aber, dem Mann ein klein wenig Abhängigkeit zu suggerieren, um dem Ego des Mannes das notwendige Maß an Aufmerksamkeit zu schenken. Ich kenne Frauen, die Ihrem Partner geistig weit überlegen sind, dies aber so dezent ausspielen, dass der Partner sich für den „Lenker" der Beziehung hält.

16.2 Intelligenz IQ

Auch diesbezüglich glauben die meisten Männer, überlegen zu sein. Die kluge Frau versteckt sich zwar nicht hinter Ihrem Partner, versucht aber auch nicht, seine Intelligenz zu untergraben. Lassen Sie ihm seinen

Gedanken. Basteln Sie nicht daran herum. Festgefahrene Glaubenssätze sind nur schwer zu demontieren.

Zitat von Hildegard Knef:
Das kluge Mädchen gibt vor, immer ein kleines bisschen weniger zu wissen als der Mann!

16.3 Momentaufnahme

Hunderte interessanter Gespräche und Auswertungen, zahlreiche unerwartete Eindrücke sowie eine ganze Menge neuer Erkenntnisse habe ich den Recherchen zu diesem Buch zu verdanken. Vieles war dabei bekannt, anderes war in der Tat überraschend. Variieren Sie Ihre Tricks danach.

- Die moderne Frau denkt verstärkt daran, Männer zu Ihrem Vorteil auszunutzen

- Es gibt immer noch die Meinung, der Mann müsste die Frau ansprechen.

- Sehr hübsche Frauen, die bisher noch inaktiv waren, blieben erfolglos, da die Männer sich nicht trauten, diese anzusprechen.

- Frauen haben es endgültig satt, als Haushaltshilfe missbraucht zu werden

- Männer möchten zum Sex verführen.

- Übernimmt die Frau offensichtlich die sexuelle Rolle, denken nicht wenige Männer abwertend. Seltsamerweise denken Männer aber nicht abwertend über sich selbst.

- Die Mehrzahl der Frauen haben den eindeutigen Kinderwunsch. Immer mehr jedoch verpassen das Alter und sind in der Folge unzufrieden.

- Die Anzahl der „freiwilligen" Singles beider Geschlechter steigt, jedoch nimmt auch deren Unzufriedenheit mit Ihrem Leben ständig zu!

- Männer denken immer noch, intelligenter als Frauen zu sein.

- Frauen sollen schön sein und Männer „etwas darstellen". Kleine Fehler der Männer, wie etwas Bauch angesetzt zu haben, sind unwichtiger als z.B. der Beruf des Mannes

Auch wenn Sie sich nun Ihr Recht nehmen, die Männer Ihrer Wahl (unbemerkt) zu verführen und sich nicht mehr verführen lassen, spielen Sie nicht den Kumpel, sondern bleiben Sie ganz Frau.
Feminin, verführerisch und anziehend, als Gegenpol Ihres Traumtypen. Sie sind intelligent. Ihnen gehört die Welt. Fühlen Sie sich so, kann Sie nichts mehr aufhalten.

Schlusswort

Durch dieses Buch wurden oder werden Sie zweifellos zur erfolgreichen Verführerin. Nicht selten erlebte ich, dass die Kenner dieser Strategien mehr und mehr von Ihren Abenteuern an Ihre Umwelt weitergaben. Zu schwer ist es, positive Ereignisse für sich zu behalten. Dennoch möchte ich Ihnen dringend abraten, überall das zu zeigen, was Sie wirklich sind. Dieses Verhalten ist mehr und mehr auch bei der Frau ein Trend der Zeit, doch evaluieren die Menschen in unserer Gesellschaft hierzu recht unterschiedlich. Männer gönnen Ihnen dabei noch eher Ihre neue Begabung. Problematisch wird es dann, wenn Sie gegenüber Frauen aus dem Bekannten- und Verwandtenkreis offen Ihren Lebenswandel zur Schau stellen oder dieser weitererzählt wird. Neben Neid wird Sie die Empörung einiger Damen treffen, die in der Folge schlecht über Sie reden oder Sie direkt attackieren. Frauen sind leider sehr viel größere Neider als Männer. Viele Frauen verwenden grenzenlose Energie, ein Netz aus Halbtatsachen und Verwirrungen zu spinnen, um ihre eigenen, großen Unzulänglichkeiten zu überspielen. Distanzieren Sie sich von solchen Bekannten oder gar „Freundinnen“.

Sie haben die Werkzeuge der schnellen Verführung kennen gelernt. Ordnen Sie diese ein und verbringen Sie den Rest Ihres Lebens so, wie Sie es künftig möchten. Als verzehrende Verführerin oder als selbstbewusste Frau, die den Traummann für Ihr restliches Leben sucht.

Wie auch immer Sie sich entscheiden, Sie sind eine Frau, die Ihren Weg geht und nicht von der Umwelt in eine Rolle gedrängt wird.
Durch Ihre geschickten Methoden wird es Ihnen möglich sein, den Mann zu verführen, den Sie bisher nur hoffnungslos beobachtet haben. Bald schon werden Sie die Frauen, die täglich tatenlos auf Ihren Traumtypen warten, als „Visionäre einer erratischen Welt“ betrachten und glücklich sein, dass Sie den Absprung in das konstruktive Handeln vollzogen haben.

Viel Glück und das notwendige Taktgefühl,

Ihr

Nick Metarn

Der Buchtitel, der seit Erscheinung zum Handbuch der erfolgreichen Männer wurde:

Covertext:

Dieses Buch durchbricht den Protest der Frauenwelt und legt offen, was bisher nicht niedergeschrieben wurde. Es zeigt Ihnen die neuesten und rasantesten Methoden, Frauen zu verführen. Die speziellen Tricks sowie die umfangreichen psychologischen Erkenntnisse des Autors führen Sie garantiert zum Erfolg. Jeder Mensch strebt egoistisch nach eigenen Vorteilen, deren Imagination problemlos erzeugt werden kann. Sie manipulieren die Traumfrauen so einfach und zielsicher, dass diese sich nichts sehnlicher wünschen, als von Ihnen erobert zu werden. Der Autor rät zur Vorsicht, denn dieses Buch macht süchtig, da der Leser erkennt, wie einfach die Steuerung funktioniert. Ihr Selbstvertrauen wird ständig wachsen und die Gefahr besteht, dass Sie weibliche Wesen als Spielzeug für Männer betrachten. Deshalb liegt es in Ihrer Macht und Verantwortung, die zielsicheren Manipulationstechniken dieses Buches nur soweit als notwendig einzusetzen, um das zu werden, was Sie immer sein wollten - ein Mann, der entscheidet, welche Frau er für ein sexuelles Abenteuer begehrt und sein Ziel sofort erreicht.

Affären werden gemacht - von Ihnen!

Erfolg an der Börse ist die Folge von richtigem Handeln!

Das Buch des beliebten Erfolgstrainers Helmut Geirhos

Covertext:
Die Börse ist in Aufruhr. Nie zuvor konnten wir eine ähnlich starke Volatilität erleben. Dieses Buch ist eine Abkehr der ständig gepriesenen Selbstverständlichkeit, dass die Börse die lukrativste Art der Geldanlage sei. Der Autor verfügt über 20 Jahre Börsenerfahrung und ist ein erfolgreicher Spekulant und Entwickler hochwertiger Börsen-systeme. Er kennt die Psyche der Anleger und weiß, dass die Börse Vermögenskiller und auch Geldmaschine gleichermaßen sein kann. Dazwischen liegt eine schmale Gradwanderung im dunklen Bereich. Dauerhafter Börsenerfolg wird sich nur dann einstellen, wenn Sie die Börse fühlen können. Dazu wird Ihnen der Autor in diesem revolutionären Buch, voll mit wertvollen Ratschlägen, verhelfen. So wie Hunderte von Anlegern an seinen Seminaren und Vorträgen profitieren, ist auch für Sie dieses Buch "Bares Geld" wert ...

Sie erfahren alles, was für ein erfolgreiches Engagement an der Börse wichtig ist. Sie werden verstehen, warum es unerheblich ist, ob die Märkte fallen oder steigen, denn es gibt in jeder Börsenphase Rezepte, auf der Gewinnerseite zu stehen. Gehen auch Sie diesen Weg zum erfolgreichen Anleger!

Erfolgstrainer Helmut Geirhos

Was macht ihn so beliebt?
Warum werden seine Teilnehmer erfolgreich?
Was verändert Ihr Leben nach Ihren Wünschen?

Sie erlernen:
Ihre Fähigkeiten entdecken

Die Methoden der Sieger anwenden

Ihre Zukunft zu Gestalten

Erleben auch Sie den beliebten Erfolgstrainer live in Aktion!

Helmut Geirhos ist seit Jahren ein beliebter Erfolgstrainer und begeisterte seine Zuhörer u.a. in Berlin, Frankfurt, Köln, Hannover, Stuttgart, München, Chemnitz und Dresden.
Wissenschaftlich fundierte Erkenntnisse und Methoden sind die Grundlagen seines Trainings. Viele Teilnehmer haben an seinen Seminaren privat und beruflich profitiert. Praxisnähe und Wirksamkeit seiner Methoden und nicht zuletzt seine lockere Seminarführung sind bei den Teilnehmern beliebt.

**Berliner Anzeiger
im Herbst 2000:**

**“Sein Seminar erzeugt ein
Gefühl der Begeisterung!”**

**Frankfurter Zeitung
im September 2000:**

**“Hoher Frauenanteil im beliebten
Power-Seminar des Erfolgstrainers”**

Möchten Sie privat und beruflich noch erfolgreicher
und zufriedener werden?
Wollen Sie die nachvollziehbaren Methoden der Sieger erlernen?
Sind Sie bereit, etwas Zeit dafür zu investieren?

Das Wissen der Menschheit entwickelt sich immer schneller. Wer sich nicht weiterentwickelt, geht jeden Tag einen Schritt zurück. Nie war es einfacher, sich zu informieren und die vielen täglichen Eindrücke zur Verwirklichung seiner eigenen Ziele einzusetzen. Die vielen Probleme unserer Zeit halten auch viele Chancen bereit, die Sie sinnvoll nutzen können.

"Das Wesentliche eines Menschen
ist für die Augen unsichtbar!"
Antoine de Saint-Exupery

In unserem Seminar mit Erfolgstrainer Helmut Geirhos erleben Sie eine neue Blickrichtung zur Verwirklichung Ihrer Wünsche. Der Mittelpunkt des Seminars ist zugleich der wichtigste Mensch in Ihrem Leben - Sie selbst! Es ist Zeit, an sich zu denken ...

Erfolg ist eines Ihrer Geburtsrechte!

> "Niemand weiß, was in ihm drinsteckt,
> solange er nicht versucht hat,
> es herauszuholen!"
> Ernest Hemingway

In unseren Seminare erreichen Sie das wichtigste Ziel Ihres Lebens:
Ihre Zukunft so wirkungsvoll zu gestalten, dass Sie bereits nach dem Seminar sagen können:
"Die wirklich guten Jahre kommen noch!"
Der Gedanke: "Ich glaube an meine Zukunft", ist wertvoll wie Gold.
Sie werden spüren, dass ungeahnte Kräfte in Ihnen schlummern.
Sie werden diese Kräfte entfalten und Begeisterung empfinden.
Sie werden allen Aufgaben des Lebens gewachsen sein und auf viele Anregungen der Seminare ein Leben lang zurückblicken...

Informieren Sie sich über das aktuelle Seminarprogramm im Internet unter:

www.sprung-zum-erfolg.de

Fragen Sie an, falls Sie keinen Seminartermin in Ihrer Nähe finden. Teilweise finden Seminare statt, die nicht kurzfristig geplant und nicht im Rahmenangebot ausgeschrieben sind.

Erfolgstrainer und Coach Helmut Geirhos ist preiswert für Privatcoaching oder Veranstaltungen in Ihrem Betrieb zu buchen.

megaline Lehrzentrum, Römerstr.48, 86830 Schwabmünchen
Tel. 08232 – 905144 Fax 08232 – 78388 info@sprung-zum-erfolg.de

Das Top-Seminar:

Training zu Erfolg und finanzieller Freiheit -
Die Lebensregeln der Sieger erlernen!

Unser bekanntes Powerseminar zum Erfolg!
Das Seminar findet in allen Großstädten in diversen Bildungseinrichtungen oder Hotels statt. Für den Raum Augsburg in unserem Lehrzentrum Schwabmünchen.

Eine Bereicherung für jeden, der selbstbewusst, erfolgreich und in Einklang mit seinen Wünschen sein künftiges Leben gestalten möchte.
Hierfür ist es in keinem Lebensabschnitt zu spät.
Erfolg ist lernbar und auch für jeden erreichbar!
Private und berufliche Leistung und Ansehen als Folge zielgerichteter Handlung und dem Erkennen von speziellen Fähigkeiten. Sie werden erleben, wie Sie schon während des Seminars wachsen und bereits am selben Tag die ersten, gedanklichen Weichen stellen ...

- Warum sind manche Menschen sehr erfolgreich, andere ohne Chance?
- Energie sinnvoll einsetzen
- Beruflichen Erfolg erlangen
- Finanzielle Unabhängigkeit erreichen
- Lebensfreude entwickeln
- Motivation durch spezielle Fähigkeiten
- Begeisterung durch erlangte Erfolge

Kämen Sie jemals auf die Idee, eine Fremdsprache ohne jede Mithilfe zu erlernen? Sicher nicht!
Auf dem Lebensweg jedoch begeben sich viele in einen Irrgarten, das Ziel zerrüttet im Gedächtnis, ohne den Weg zu kennen. Investieren Sie jetzt in Ihren Erfolg! Begleiten Sie

unseren Coach auf einer Reise in eine glückliche Zukunft!

- Sie erkennen Ihre Ziele und Wünsche
- Sie prüfen Ihre Zielrichtung und legen Ihre Zukunft fest
- Sie lösen Motivation aus und erleben die Begeisterung
- Sie beschreiten Ihren Weg zum Erfolg
- Sie entwickeln Strategien und werden innovativ
- Sie erlangen finanzielle Sicherheit
- Sie blicken in die Manipulation der Mitmenschen
- und vieles mehr …

Der beliebte Kurs vermittelt in anschaulicher Weise,
wie Sie Ihr Leben sofort zum besseren verändern und
beliebter, erfolgreicher und zufriedener sind ...

Auch Sie möchten den Erfolgstrainer live erleben!

Für die Abwicklung dieses Events und für viele weitere Seminarthemen des Erfolgstrainers Helmut Geirhos ist das Megaline Lehrzentrum zuständig: